AF635847

Theodor Mommsen

Die Örtlichkeit der Varusschlacht

EHV
HISTORY

Theodor Mommsen

Die Örtlichkeit der Varusschlacht

ISBN/EAN: 9783955640255

Auflage: 1

Erscheinungsjahr: 2013

Erscheinungsort: Bremen, Deutschland

@ EHV-History in Access Verlag GmbH, Fahrenheitstr. 1, 28359 Bremen. Alle Rechte beim Verlag und bei den jeweiligen Lizenzgebern.

EHV

HISTORY

DIE ÖRTLICHKEIT

DER

VARUSSCHLACHT

VON

TH. MOMMSEN.

BERLIN.
WEIDMANNSCHE BUCHHANDLUNG.
1885.

Mehrfach an mich gerichtete Anfragen haben mich veranlasst diese zuerst in dem Sitzungsberichte der K. Akademie der Wissenschaften vom 29 Jan. 1885 (S. 63 fg.) veröffentlichte Notiz abermals abdrucken zu lassen und dadurch allgemeiner zugänglich zu machen, wobei zugleich die inzwischen mir zugegangenen Fundnachrichten eingereiht und auch sonst einiges zugesetzt worden ist.

Das vorgesetzte Bildniss des Varus ist der Münze der africanischen Stadt Achulla entnommen und unter Hrn. von Sallets Leitung (vergl. numismatische Zeitschrift Bd. 11, Verhandlungen S. 15) nach dem Gipsabguss des Pariser Exemplars in Holz geschnitten. Die Vignette giebt die dem Varus von der Stadt Pergamon gesetzte, jetzt im K. Museum hierselbst aufbewahrte Ehreninschrift (Jahrbuch der K. Preussischen Kunstsammlungen Bd. 3 S. 81) zinkographisch nach dem Original.

Je wünschenswerther die Weiterführung dieser Untersuchungen ist, desto nothwendiger erscheint es davor zu warnen, dass man nicht allzu grosse Hoffnungen darauf setze und nicht meine, dass die Frage mit einigen Nachgrabungen und Augenscheinserhebungen wissenschaftlich gelöst werden könne. Genügenden Anhalt für die Localisirung der Varusschlacht gewährt die Ueberlieferung notorisch nicht. Inwiefern kann dieselbe von Funden erwartet werden? Die Lager der bedrängten Armee zu suchen ist Kindertraum oder Kinderspiel. Die Auffindung von Geräth und besonders von Waffen in der Weise, dass die Identificirung mit einiger Sicherheit stattfinden kann, ist nicht in gleicher Weise unmöglich, aber auch nicht eben wahrscheinlich; andererseits die Nichtauffindung solcher Gegenstände an einem bestimmten Punkte durchaus kein Beweis dafür, dass an diesem die Schlacht nicht geliefert worden ist. Der Spaten hat für manche topographische Frage die definitive Lösung gefunden, aber nur dann, wenn er auf findbare Gegenstände angesetzt werden konnte. Meines Erachtens wird die Entscheidung der Frage wie jetzt, so vermuthlich auch in der Zukunft wesentlich bei den Münzen liegen. Wenn die Barenauer Findung von Gold- und Silbermünzen aus spät augustischer Zeit so, wie sie jetzt erscheint, auch bei weiterer und umfassenderer Constatirung der Münzfunde ein völliges Unicum bleibt, so giebt es dafür nur die Erklärung im Grossen, welche im Kleinen der trefflichste der rheinischen Localforscher, Oberstlieutenant F. W. Schmidt vor vierzig Jahren für das Castell bei Haltern gegeben hat (S. 61). Von dieser Voraussetzung aus kann alsdann fach- und ortskundige Erhebung den Verlauf der Katastrophe genauer präcisiren; ohne eine solche Voraussetzung wird keine Fach- und keine Ortskunde die Lücke der Ueberlieferung auszufüllen im Stande sein.

Auch diejenigen Gelehrten, welche dem Ergebnisse dieser Untersuchung ablehnend gegenüber stehen, werden alle darin mit mir übereinstimmen, dass die umfassende Verzeichnung und Ordnung der ausserhalb der römischen Grenzen auf deutschem Gebiet gemachten Funde römischer Münzen ein wissenschaftliches Bedürfniss ist, dessen

Erledigung nicht blofs auf die Kriegsereignisse, sondern auch auf die Handelsverhältnisse jener fernen Zeit Licht werfen wird, und dass dazu auch die orthodoxen Varus-Gläubigen sich mit den Häretikern vereinigen könnten und sollten.

Bis jetzt ist hierfür wenig geschehen; und zu wünschen wäre wohl, wenn auch kaum zu hoffen, dass die deutschen Localforscher, statt mit den beliebten patriotisch-topographischen Zänkereien die kleinen und grossen Klatschblätter zu füllen und durch Kirchthurmscontroversen die unbefangenen Zuschauer zu erheitern, eine solche Gesammtarbeit in Angriff nähmen und jeder für seinen Theil sie förderten.

Ich werde in Verbindung mit Hrn. Menadier vom hiesigen Münzkabinet mir es angelegen sein lassen dafür nach Vermögen thätig zu sein und kann die S. 38 ausgesprochene Bitte an Gelehrte und Ungelehrte nur hier wiederholen.

Berlin im März 1885.

Die militärische Situation, aus welcher die Katastrophe der Armee des Varus hervorging, ist in der Hauptsache vollständig klar. Den Stützpunkt der römischen Rheinheere bildeten damals wie später auf dem linken Rheinufer die beiden grossen Standlager, Castra vetera gegenüber der Mündung der Lippe und Mogontiacum gegenüber der Mündung des Mains in den Rhein, auf dem rechten die Festung Aliso an der oberen Lippe, entweder bei Lippstadt oder wahrscheinlicher in der Nähe von Paderborn[1]). Die römischen Legionen pflegten den Sommer auf dem rechten Rheinufer zuzubringen, bald marschirend, bald im Sommerlager, den Winter in der Regel[2]) in jene Standlager des linken Ufers abzurücken.

So geschah es auch im Jahre 9 n. Chr. Der römische Oberfeldherr — das Rheinheer scheint da-

[1]) Das von Drusus angelegte Castell lag am Einfluss des Helison in die Lupia (Dio 54, 33). Der Helison ist entweder die Liese-Glenne oder wahrscheinlicher die Alme; vergl. meine R. G. 5, 31.

[2]) Ausnahmsweise liess Tiberius im Winter des Jahres 4/5 die Legionen *ad caput Lupiae fluminis*, das heisst bei Aliso lagern (Velleius 2, 105).

mals noch nicht getheilt gewesen zu sein — verweilte in dem genannten Jahre den Sommer hindurch hauptsächlich im Cheruskerland an der Weser[1]). Die Nennung der Cherusker führt auf die Gegend zwischen Hameln und Minden; eben dahin führt, dass es für die römische Armee unter den damaligen Verhältnissen am nächsten lag den Weg vom Rhein zur Weser über Aliso durch die Dörenschlucht im Lippeschen Wald zu nehmen. Die genauere Ansetzung des Lagerplatzes, wofür oft Rehme oder Minden genannt wird, hat nur exemplificatorischen Werth. Für die Ansetzung des eigentlichen Schlachtfeldes besitzen wir folgende Daten.

1. Die Katastrophe erfolgte auf dem Marsch der Armee vom Sommer- in das Winterlager, oder, was hier dasselbe ist, auf dem Marsch von der Weser nach dem Rhein. Ausdrücklich bezeugt ist dies nicht, geht aber hervor theils aus der Jahreszeit, welche wahrscheinlich der Herbst, vielleicht der Spätherbst war[2]), theils daraus, dass die ganze Armee unterwegs ist, welches die Aufhebung des bisherigen Lagers, also entweder einen Wechsel des Sommerlagers oder wahrscheinlicher den Aufbruch nach den Winterquartieren voraussetzt.

---

[1]) Dio 56, 18: *προήγαγον αὐτὸν πόῤῥω που ἀπὸ τοῦ Ῥήνου ἔς τε τὴν Χερουσκίδα καὶ πρὸς τὸν Οὐίσουργον.* Velleius 2, 117: *mediam ingressus Germaniam . . . trahebat aestiva.*

[2]) Die Nachricht von der Niederlage gelangte nach Rom fünf Tage nach der Siegesfeier wegen der Beendigung des pannonisch-dalmatischen Krieges (Dio 66, 18). Es ist nicht unwahrscheinlich, dass das Datum des 3. August, an welchem *Ti. Augustus in Inlyrico vicit* (C. I. L. I p. 398), sich auf diese Beendigung bezieht. Auch schliesst Dio den Bericht über die militärischen Vorgänge des Jahres 9 (welcher bis 56, 24 reicht; die letzten Worte und der grösste Theil des kurzen Berichts über das Jahr 10 sind mit dem nach *ὅτι καὶ* verlorenen Blatt untergegangen) mit dieser Erzählung.

2. Auf der hauptsächlichen militärischen Verbindungslinie des Sommerlagers an der Weser mit dem Rhein, das heisst auf derjenigen Linie, die von Vetera nach Aliso und von da weiter an die Weser führte, ist die Armee nicht zu Grunde gegangen. Ausdrücklich wird angegeben, dass die Verschworenen damit begannen durch die Nachricht von dem Abfall einer 'entfernt' wohnenden Völkerschaft das römische Heer zu einem Marsch in dieser Richtung zu bestimmen[1]); auch zeigt der weitere Verlauf, dass die Römer auf einem ihnen wenig oder gar nicht bekannten Weg angegriffen und überwältigt wurden. Dem entspricht ferner, dass der Fall von Aliso wohl die Folge, aber keineswegs die unmittelbare Folge dieser Katastrophe ist, in dieser selbst vielmehr Aliso gar keine Rolle spielt[2]).

3. Die einzige directe Angabe über die Localität giebt bekanntlich Tacitus mit den Worten[3]): *ductum inde* (von der Ems) *agmen ad ultimos Bructerorum quantumque Amisiam et Lupiam amnes inter, vastatum, haud procul Teutoburgiensi saltu, in quo reliquiae Vari legio-*

---

[1]) Dio 56, 19: *ἐπανίστανταί τινες πρῶτοι τῶν ἄπωθεν αὐτοῦ οἰκούντων ἐκ παρασκευῆς, ὅπως ἐπ' αὐτοὺς ὁ Οὔαρος ὁρμήσας εὐαλωτότερός σφισιν ἐν τῇ πορείᾳ ὡς καὶ διὰ φιλίας διιὼν γίνηται.*

[2]) Der Auszug des Zonaras 10, 37, welcher das bei Dio 56, 22 ausgefallene Blatt einigermassen ergänzt, führt nach dem Bericht über die Niederlage (*ἐκόπτοντο οὖν ἀδεῶς*, auch bei Dio erhalten) also fort: *καὶ τὰ ἐρύματα πάντα κατέσχον οἱ βάρβαροι ἄτερ ἑνός, περὶ οὗ ἀσχοληθέντες οὔτε τὸν Ῥῆνον διέβησαν οὔτ' ἐς τὴν Γαλατίαν εἰσέβαλον.* Darauf wird die Belagerung und die folgende Blokade erzählt, sowie das Durchschlagen der Garnison, nachdem die Lebensmittel verbraucht sind. Die Räumung von Aliso muss danach längere Zeit nach der Varusschlacht erfolgt sein. Wenn sie Dio noch unter dem Jahre 9 erzählt, so versetzt er sie doch mit den Worten: *τοῦτο μὲν ὕστερον ἐγένετο* ausdrücklich in das Folgejahr.

[3]) ann. 1, 60.

numque insepultae dicebantur. Also nördlich von der Lippe, östlich von der Ems haben wir das Schlachtfeld zu suchen. Die Bezeichnung *saltus* fordert eine Gebirgsgegend, und weist damit auf die von der Weser westlich streichenden Höhenzüge, den Osning, der das ebene Münsterland nördlich begrenzend von Paderborn bis gegen Iburg südlich von Osnabrück sich hinzieht, oder nördlich von dieser Stadt das von Minden nach Bramsche an der Hase streichende Süntel- oder Wiehengebirge. Das flache Münsterland selbst kann auch darum nicht wohl gemeint sein, weil es von der Hauptstrasse an der Lippe nicht hinreichend entfernt ist.

4. Dass ausser den Wäldern mehr als die Berge[1]) die Moore (*paludes*) den Marsch der Römer behinderten und die Katastrophe herbeiführen halfen, heben die Berichte mehrfach hervor[2]). Es steht damit weiter in Zusammenhang, dass sowohl Varus selbst für den Vormarsch, noch bevor er angegriffen ward[3]), wie auch Germanicus, um nach dem Schlachtfeld zu gelangen[4]),

---

[1]) In den Berichten wird der Berge nicht anders gedacht, als dass nach Dio 56, 21 nach erfolgtem Angriff das erste Lager *ἐν ὄρει ὑλώδει* geschlagen wird, während am zweiten Tag das Heer *ἐς ψιλόν τι χωρίον* gelangt; auch hier treten Wald und Blösse mehr hervor als Berg und Ebene. Allgemein sagt Dio 56, 20: *τὰ ὄρη καὶ φαραγγώδη καὶ ἀνώμαλα καὶ τὰ δένδρα καὶ πυκνὰ καὶ ὑπερμήκη ἦν*, und ebenso spricht Tacitus vom *Teutoburgiensis saltus.*

[2]) Tacitus ann. 1, 65: *Quintilium Varum sanguine oblitum et paludibus emersum.* Velleius, 2, 119: *exercitus . . . inclusus silvis paludibus insidiis.* Florus 2, 30 [4,12]: *nihil illa caede per paludes perque silvas cruentius.* Dio spricht nicht ausdrücklich von den Sümpfen.

[3]) Dio 56, 20: *ὥστε τοὺς Ῥωμαίους καὶ πρὶν τοὺς πολεμίους σφίσι προσπεσεῖν ἐκεῖνά τε (τὰ δένδρα) τέμνοντας καὶ ὁδοποιοῦντας γεφυροῦντάς τε τὰ τούτου δεόμενα πονηθῆναι.*

[4]) Tacitus ann. 1, 65: *praemisso Caecina ut occulta saltuum scrutaretur pontesque et aggeres umido paludum et fallacibus campis imponeret.*

Brücken durch das Moor schlagen liessen. Diese Brücken selbst sind hinreichend bekannt: sowohl auf dem linken Ufer der Ems wie in der Gegend zwischen der Ems und der Jahde haben sich an zahlreichen Stellen, wo die — meist von Westen nach Osten führenden — Strassen Moore durchschneiden, aus gespaltenen Baumstämmen hergestellte und mit Rasen belegte Überbrückungen gefunden, welche sowohl nach ihrer durchaus gleichmässigen und technisch vortrefflichen Anlage wie auch nach den die Linie begleitenden Fundstücken nur von den Römern herrühren können[1]). Weiter steht mit dieser Terrainbeschaffenheit in Zusammenhang, dass die schliessliche Katastrophe in einem Engpass eintrat[2]); wenigstens liegt es am nächsten hiebei an ein

---

Vergl. ann. 1, 63: *Caecina monitus . . . pontes longos quam maturrime superare: angustus is trames vastas inter paludes et quondam a L. Domitio aggeratus, cetera caenosa tenacia gravi caeno aut rivis incerta erant.* Auf den Bohlen finden sich feste Soden, auch Sand (von Alten a. a. O. S. 7): das ist der *agger.*

[1]) Vergl. Fr. von Alten die Bohlwege im Herzogthum Oldenburg. Oldenburg 1879. Die ausgedehnteste dieser Anlagen von 2½ Meilen Länge ist die bekannte im Burtanger Moor, nordwestlich von Meppen, wahrscheinlich die *pontes longi* des Ahenobarbus (vgl. S. 4 A. 4). Sie mögen zum Theil die Reste dauernder römischer Militärstrassen sein aus der Epoche, wo die römische Herrschaft sich über dieses Gebiet erstreckte; aber eben nach unserer Erzählung sind auch für blossen Vormarsch solche Anlagen gemacht worden, und es beweist also ihr Vorhandensein wohl für den Durchzug römischer Truppen, aber nicht ohne weiteres für die dauernde römische Occupation des betreffenden Gebiets. Die Bedenken gegen den römischen Ursprung dieser Anlagen, welche Studienrath Müller in Hannover (Zeitschrift des hist. Vereins für Niedersachsen 1882 S. 54 fg.) geäussert hat, kann ich nicht theilen; die Coincidenz der Funde und der Zeugnisse ist unbestreitbar vorhanden.

[2]) Dio 56, 21: συστρεφόμενοι ἐν στενοχωρίᾳ.

von Mooren umschlossenes und die Entwickelung der Truppen hinderndes Defilé zu denken.

Wenn hienach die Localität der Katastrophe im Allgemeinen hinreichend bestimmt ist, so wird andererseits jeder unbefangene Forscher einräumen, dass in dem weiten Spielraum zwischen der Ems, der Weser und der Lippe, den diese Angaben lassen, die Localisirung des Schlachtfeldes mit den uns gebliebenen Nachrichten nicht erreicht werden kann. Es wird nicht schwer fallen Örtlichkeiten nachzuweisen, auf welche alle gegebenen Voraussetzungen zutreffen; aber mehrere Lösungen einer Aufgabe, von denen nur eine richtig sein kann, sind so lange keine, als es nicht gelingt die ausschliessliche Zulässigkeit einer derselben zu erweisen.

Ueber die allgemeinen Verhältnisse, unter welchen die Schlacht geschlagen ward, über die Persönlichkeit des Heerführers so wie über die Beschaffenheit der Soldaten ist anderweitig das Erforderliche dargelegt worden [1]). Nur über die Stärke theils der römischen Armee, theils der ihr gegenüber stehenden Insurgenten wird es zweckmässig sein hier etwas eingehender zu handeln. Jene zählte 3 Legionen, 3 Alen und 6 Cohorten, also nach den normalen Ansätzen 20000 Mann [2]). Die be-

---

[1]) Röm. Geschichte 5 S. 38 fg.

[2]) Freilich sind auch diese Zahlen nicht ganz fest. Die Legion der marianischen Zeit wird zu 6000, die des 3. Jahrh. n. Chr. zu 5280, rund 5000 M. angesetzt (Marquardt röm. Staatsverwaltung 2^2 S. 437. 455); für die augustische Zeit besitzen wir ziffermässige Angaben nicht. Bei den Alen und Cohorten kommt in Betracht, dass neben den gewöhnlichen von je 500 Mann auch Doppelabtheilungen (miliariae) vorkommen; doch scheint deren Anzahl namentlich in dieser Epoche nicht gross gewesen zu sein.

trächtlichen Detachirungen, deren Erwähnung geschieht [1]), haben wahrscheinlich hauptsächlich die Auxilien betroffen und erklären deren verhältnissmässig geringe Zahl [2]); man wird also die der Legionare darum nicht wesentlich herabsetzen dürfen. Wohl aber mochte die Effectivstärke hinter der normalen nicht unbeträchtlich zurückbleiben; auf alle Fälle wird die Ziffer von 20 000 Mann als maximale der Combattanten anzusehen sein. — Die der Nichtcombattanten entzieht sich jeder Schätzung, ist aber wohl nicht gering gewesen, da wenigstens die Offiziere und Unteroffiziere eine Anzahl Freigelassener und Sclaven auch in das Feldlager mitzunehmen pflegten [3]). Auch von den Marketendern folgte wenigstens ein Theil dem Heere ins Feld [4]). Aber Frauen und Kinder

---

1) Dio 56, 19: *οὔτ' οὖν τὰ στρατεύματα, ὥσπερ εἰκὸς ἦν ἐν πολεμίᾳ, συνεῖχε καὶ ἀπ' αὐτῶν συχνοὺς αἰτοῦσι τοῖς ἀδυνάτοις ὡς καὶ ἐπὶ φυλακῇ χωρίων τινῶν ἢ καὶ λῃστῶν συλλήψεσι παραπομπαῖς τέ τισι τῶν ἐπιτηδείων διέδωκεν.*

2) Man kann vergleichen, dass die beiden gegen die Deutschen im J. 15 ausrückenden Heere, jedes von 4 Legionen, das eine 5000 und das andere 10 000 Auxiliarier zählte (Tacitus ann. 1, 56); natürlich blieb ausserdem ein Theil der Auxiliarier in den festen Plätzen zurück.

3) Auf dem berühmten jetzt im Bonner Museum befindlichen Grabstein des Centurionen der 18. Legion M. Caelius *T. f.* aus Bologna, welcher die Aufschrift trägt: [*ce*]*cidit bello Variano*; *ossa inferre licebit* (Brambach C. I. Rh. 209), sind neben dem Standbild desselben die Büsten zweier Freigelassenen dargestellt, welche ohne Zweifel das Schicksal des Herrn theilten. Dass derselbe ausserdem Sklaven bei sich hatte, ist nicht zu bezweifeln (vgl. bell. Afr. 85: *servitiis puerisque qui in castris erant*). Aus solchen persönlichen Dienern wird der Train (die calones) wohl hauptsächlich bestanden haben (Festus s. v. p. 62; Servius zur Aeneis 6, 1; Vegetius 3, 6; Marquardt a. a. O. S. 427).

4) Vgl. bell. Afr. 75: *agmen eius extremum carpere coepit atque ita lixarum mercatorumque qui plostris merces portabant interceptis sarcinis.* Sueton Aug. 19: *lixa ex Illyrico exercitu.*

fanden in dem Feldlager sich nicht. Die römische Disciplin hat bis auf die Zeit des Severus an der alten strengen Regel festgehalten, dass Weiber nicht in das Lager gehören[1]), und wenn auch diese Vorschrift bei den in den Städten garnisonirenden Truppen und in Betreff des neben den Lagern sich bildenden Budenanhangs nicht streng durchgeführt werden konnte[2]), so folgte doch dem ins Feld rückenden Heer ein derartiger Tross niemals, mochte es zum eigentlichen Kampf ausziehen oder nur in der Weise, wie es Varus that, seine Sommerexpedition unternehmen. Auch deutet in allen überlieferten Einzelheiten kein Zug darauf hin, dass

---

1) Vgl. über die Soldatenehe und das Soldatenconcubinat meine Auseinandersetzung C. I. L. III p. 105 fg. und Marquardt Handbuch 2² S. 560. Die Regel bleibt die Klage der Soldatenbraut bei Properz 5, 3, 45:

Romanis utinam patuissent castra puellis!
essem militiae sarcina fida tuae.

Noch unter Tiberius wurde es von den Männern der alten Schule streng getadelt, wenn die Statthalter ihre Frauen in das Lager mit nahmen (Tacitus ann. 2, 55. 3, 33). Bei dem Auftreten der Agrippina in den germanischen Heerlagern darf dies nicht vergessen werden.

2) Man kann diese Verhältnisse sehr ins Einzelne verfolgen. In Alexandreia in Aegypten sind die Lagerkinder ungefähr so alt wie das römische Lager selbst, vielleicht sogar ein Erbstück aus der Zeit der Ptolemaeer (Eph. epigr. V p. 16; Hermes 19 S. 10). Auch in der africanischen Legion spielen diese eine Rolle wenigstens seit Hadrian. Dort und vermuthlich nicht minder in Syrien müssen in der besseren Kaiserzeit Verhältnisse bestanden haben analog den bekannten der spanischen Lager aus der Zeit der römischen Republik. Von den Armeen des Occidents wird nichts Aehnliches gemeldet, das heisst es wird sich hier der gleiche Missbrauch in relativ bescheidenen Grenzen gehalten haben. Aber was von solchem Quasifamilienanhang der Heere begegnet, beschränkt sich durchaus auf die dauernden Garnisonplätze.

Frauen und Kinder von dieser Katastrophe mit betroffen worden sind.

Die Stärke der Insurrection in Zahlen zu bestimmen kann nicht einmal versucht werden; doch giebt die Ueberlieferung auch hiefür einige Anhaltspunkte. Die über die Katastrophe erhaltenen Berichte nennen ausdrücklich nur die Cherusker an beiden Ufern der mittleren Weser, aber ohne Zweifel nur deshalb, weil die Führer der Insurgenten diesem Stamme angehörten; ebenso deutlich tritt in ihnen hervor, dass eine Reihe von deutschen Völkerschaften sich betheiligten und derjenige Gau, welcher zuerst und scheinbar auf eigene Hand den Kampf begann, von dem der Cherusker beträchtlich entfernt wohnte. Nachweislich gehörten zu den Insurgirten die Marser zwischen Ruhr und Lippe [1]) und die Bructerer im Gebiet der oberen Ems [2]), weil die damals verlorenen Adler späterhin bei diesen Völkern wieder aufgefunden wurden; wahrscheinlich auch die Chauken an beiden Ufern der unteren Weser [3]). Andererseits haben die Chatten sich schwerlich [4]) und die Friesen und die Bataver sicher nicht dem Aufstand angeschlossen. Nach den heutigen Verhältnissen umfasst das Insurrectionsgebiet ungefähr die Provinzen Westphalen und Hannover. Die mächtigste der verbündeten Völker-

---

[1]) Tacitus ann. 2, 25.

[2]) Tacitus ann. 1, 60.

[3]) Nach Dio 60, 8 ist diesen im J. 41 der dritte Adler wieder abgenommen worden. Freilich stimmt dies nicht zu der Angabe des Florus, dass dieser gerettet ward (S. 47. 64); aber auch wenn die Thatsache unrichtig sein sollte, zeugt die Angabe für die Betheiligung der Chauken an der Insurrection.

[4]) Dass im J. 50 einige varianische Kriegsgefangene bei ihnen aufgefunden wurden (Tacitus ann. 12, 27), beweist ihre Betheiligung nicht.

schaften und zugleich die dem wahrscheinlichen Schauplatz der Katastrophe nächste waren die Bructerer; auch an dem batavischen Aufstand im Vierkaiserjahr haben sie in ausgedehnterer Weise als irgend ein anderer rechtsrheinischer Gau Antheil genommen[1]) und erst unter Nerva brach ein Gesammtangriff der umwohnenden Stämme ihre Kraft[2]). Wenn damals in der Entscheidungsschlacht, welcher die Römer zusahen, nach Tacitus 60 000 Bructerer gefallen sind, so wird zwar dieser Angabe nicht mehr Glaubwürdigkeit beigemessen werden dürfen als zahlreichen ähnlichen Schätzungsziffern; aber sie giebt doch einen gewissen Anhalt für die Volkszahl und die Streitbarkeit des Bructerergaus. Nimmt man hinzu, dass von den Insurgenten ohne Zweifel jeder sich selbst bewaffnete und verproviantirte und sie zu dieser Expedition auszogen aus eigenem Trieb und auf eigene Faust wie die Jäger auf die Jagd, so erscheint es durchaus wahrscheinlich, dass die Führer derselben für eine den römischen Truppen um das Doppelte und Dreifache überlegene Zahl von Mannschaften an jedem beliebigen auch abgelegenen Punkte des Insurrectionsgebiets ein Stelldichein haben anordnen können.

Unsere Berichte stellen eine Reihe von Fragen, auf welche die Antwort sich nicht geben lässt. Varus muss von der Weser aus in nordwestlicher oder westlicher Richtung abmarschirt sein; und wahrscheinlich ist es, zumal wenn dies zugleich der Rückmarsch in das Winterlager war, dass er von der westlichen Richtung sich nicht allzuweit nach Norden entfernte, das letzte

---

[1]) Meine R. G. 5, 121.

[2]) Tacitus Germ. 33. Plinius ep. 2, 7. Hermes 3, 39. Meine R. G. 5, 132.

Ziel Vetera zwar nicht auf dem nächsten Wege verfolgte, aber doch nicht völlig aus den Augen verlor. Das nähere Marschziel wird also in dem Gebiete der Hunte oder der Ems zu suchen sein; eine sichere Bestimmung ist nicht zu geben. Dass Varus dies nähere Marschziel eine Reihe von Tagen ungehindert verfolgte, ist nicht zu bezweifeln; es war ja eben die Absicht der Insurgenten ihn von seinen Communicationen abzuziehen, und diese ward erreicht. Somit muss Varus, als die Insurrection ausbrach, von der Weser wie von der Lippe mehrere Tagemärsche entfernt gestanden haben; aber wo er stand, erhellt daraus nicht. Noch weniger erhellt, welches Marschziel er nach dem Ausbruch der Insurrection ins Auge fasste. Dass er in Folge dessen sofort Kehrt machte, ist allerdings wahrscheinlich. Denn wenn Germanicus, von der Ems kommend, zuerst das vollständige Lager der drei Legionen antraf[1]), dann ein im Drang der Noth ungenügend befestigtes, endlich im offenen Feld die Stätte der Vernichtung, so führt dies darauf, dass, als die Insurrection ausbrach, das angegriffene Heer entweder sein Marschziel erreicht hatte

---

[1]) Anders können meines Erachtens die *prima castra* des Tacitus nicht verstanden werden. An sich kann damit ebensowohl das erste von Varus geschlagene Lager wie das erste von Germanicus angetroffene Varuslager bezeichnet werden; aber jene Auffassung ist desswegen unmöglich, weil augenscheinlich zwischen dem Aufbruch aus dem Sommerlager und dem ersten Angriff der Germanen eine Anzahl in Frieden zurückgelegter Tagemärsche liegt. Was wohl vorgeschlagen ist, dass Tacitus die Lager in der umgekehrten Folge aufführe, als Germanicus sie auffand, um die historische Folge einzuhalten, schiebt demselben ohne Noth eine perverse Ausdrucksweise unter; *prima castra* schlechtweg durfte er wohl das zuerst geschlagene oder auch das zuerst aufgefundene, aber nicht ohne näheren Beisatz dasjenige Lager nennen, das zuerst angegriffen wurde.

oder den weiteren Vormarsch aufgab und sich zum Rückzug wandte; und es ist dies auch der Sachlage angemessen. Aber welche Richtung er nach erfolgtem Angriff einschlug, ob er die Weser zu erreichen suchte oder seitwärts die Lippe oder geradeswegs den Rhein, wird dadurch nicht entschieden. Ein jeder dieser Entschlüsse kann den besonderen Verhältnissen angemessen gewesen sein; da wir diese nicht kennen, ist es Willkür für die eine oder die andere Eventualität sich zu entscheiden. Nur die Angabe, dass die Reiterei, das Fussvolk im Stiche lassend, den Rhein zu erreichen versuchte[1]), giebt der Vermuthung einigen Halt, dass das Gros nicht den nächsten Weg zum Rhein einschlug, also entweder die Strasse wählte, auf der man gekommen war oder auf Aliso oder irgend einen anderen Punkt der Lippelinie marschirte. Aber sicher bezeugt ist auch dies nicht, und wäre es sicher, so würden der möglichen Marschziele immer noch mehrere bleiben, zumal da für die Wahl der Rückzugslinie wohl weniger die Länge des Weges an sich in Betracht kam, als die möglichst schleunige Erreichung der gebahnten Heerstrasse. Einmal auf dieser angelangt hätte die römische Armee von den Germanen wahrscheinlich nichts weiter zu besorgen gehabt.

Hier aber treten nun die Münzfunde ein. Die in der localen Litteratur zerstreuten Nachrichten über dieselben haben Hr. Dr. Hermann Hartmann, Arzt in Lintorf[2]), und kürzlich Hr. Dr. Paul Höfer, Lehrer

---

[1]) Velleius 2, 119: *Vala Numonius ..... spoliatum equite peditem relinquens fuga cum aliis Rhenum petere ingressus est.*

[2]) Es heisst in dessen Notiz 'grössere Funde von Römermünzen im Landdrosteibezirk Osnabrück' (Picks Monatsschrift für Westdeutschland 6. J. 1880 S. 515): 'Bei den verschiedenen Hypothesen, welche

am Gymnasium in Bernburg [1]), zusammengestellt, durch den ich zuerst auf ihren Umfang aufmerksam geworden

'man über Wege und Schlachtfelder des Varus und Germanicus auf- 'stellt, hat man, um diese zu stützen, sich bis dahin vergebens nach 'nennenswerthen Münzfunden aus der Zeit des Augustus umgeschaut. 'Hier, wo man sie mit Händen greifen kann, bekümmert sich Niemand 'darum'. Die Gelehrten haben den Tadel des ortskundigen Mannes allerdings verdient.

[1]) Der Feldzug des Germanicus im Jahre 16 n. Chr. (Gotha 1884) S. 82 ff. Höfer verlegt nach dem Vorgang Hartmanns und Mösers und anderer Älterer den Kampfplatz der letzten Schlacht des Germanicus in die Gegend von Barenau, ohne für diese Annahme erhebliche neue Gründe beizubringen, im Gegensatz gegen die gewöhnliche und meines Erachtens wohl begründete Ansetzung dieser Schlachtfelder auf dem rechten Weserufer. Indess ist es nicht nöthig bei dieser Hypothese zu verweilen, da sie wenigstens die Münzfunde in keiner Weise erklärt. Nicht das steht ihr entgegen, dass Münzen aus der Zeit zwischen der Varuskatastrophe und der Expedition des Germanicus bei Barenau sich nicht gefunden haben, da beide nur sechs Jahre auseinanderliegen. Entscheidend aber ist eine andere Erwägung. Die zweite von Germanicus im Jahre 16 gelieferte Schlacht war vielleicht kein entscheidender Sieg, aber sicher keine Katastrophe für die römische Armee und kann unmöglich eine grössere Masse römischer Münzen in Verlust gebracht haben. Dass 'hier ein römisches Heer länger verweilt habe und mit den Umwohnern in regen Handelsverkehr getreten sei', wozu Höfer S. 86 seine Zuflucht nimmt, ist einmal nicht wahr, da Germanicus keineswegs da, wo er geschlagen hatte, länger blieb, sodann aber geradezu ein abenteuerlicher Gedanke. Wie kann von dem 'regen Handelsverkehr' eines Heeres gesprochen werden, das nach der Schlacht weiter marschirte? und wie können durch den 'regen Handelsverkehr' einiger Tage Gold- und Silbermünzen in dem Umfang in die Erde kommen, dass noch heute Jahr aus Jahr ein sie daraus hervorgezogen werden? Der gesunde Menschenverstand hat auch auf archäologischem Gebiet ein gewisses Anrecht auf Berücksichtigung. — Uebrigens ist die Germanicus-Hypothese mit der Annahme unvereinbar, dass die Varusschlacht bei Barenau geliefert worden ist; denn die Örtlichkeit, in welcher Germanicus im J. 15 die Gefallenen begrub, und die der zweiten Schlacht des J. 16 sind selbstverständlich verschieden.

bin. Was darüber bis jetzt thatsächlich ermittelt ist, lasse ich folgen.

I. Die Münzen in Barenau.

Zacharias Goeze giebt in der ersten seiner numismatischen Abhandlungen, *quae ex quo de numis notitiam generalem exposuit, de Iano bifronte agit*, eine Übersicht derer *qui scriptis rem numariam illustrarunt*, worin sich folgende wie es scheint zuerst im Jahre 1698 gedruckte Angabe befindet[1]): *Sic et Prae-Illustris ac Generosissimus Dominus Henricus Sigism. de Bar Potentissimi Magnae Britanniae Regis ac Electoris Brunsv. Consiliarius intimus etc. exposuit CXXVII numos quos possidet omnes, seu aureos seu argenteos in fundo Barnaviensi repertos, propriaque manu volumen exaravit modicum ea ακριβεια, ut melius vix possit quisquam. In duas librum divisit partes, quarum prima familias iuxta ordinem alphabeticum v. g. Aciliam Aemiliam Alliam Antoniam etc. recenset; secunda imperatores, Augustum, Tiberium etc. sistit. Titulus est: Antiquissimorum numismatum Barnaviensium rudis delineatio, subjuncta brevi explicatione.* Auf meine Anfrage hat Hr. v. Bar mir mitgetheilt, dass dieses Verzeichniss sich nicht mehr vorfinde.

Karl Gerh. Wilh. Lodtmann, Professor in Helmstädt, giebt in den Monumenta Osnaburgensia (Helmstädt 1753. 8) p. 34 die Notiz aus Goeze und fügt weiter hinzu: *Quidam ex amicis meis* — es ist dies

---

[1]) Die erste Ausgabe dieser Dissertation vom Jahre 1689 (in Göttingen) enthält diese Stelle nicht; Lodtmann in der gleich anzuführenden Schrift giebt sie aus einem Druck vom Jahre 1698, der sich nicht hat auffinden lassen. In der Gesammtausgabe vom Jahre 1716 (*de nummis dissert. XX. Vitembergae 1716*) fehlt sie nicht (wie Lodtmann angiebt, aber, wie Hr. Zangemeister mir nachwies, fälschlich), sondern steht in der *diss.* I p. 21.

Justus Möser —, *qui eorum vidit plurimos, me docuit numerari inter illos numos Antonii Aug. argenteos, qui exhibeant signa legionum* II. III. IIII. V. VI. VII. VIII. VIIII. X. XIII. XV. XVI. XVII. XX. *tum numos M. Scauri aedilis curulis, Valerii Acilii*[1]), *Paulli Aemilii, C. Pisonis L. f. Frugi, Metelli Pii, Antonii et Augusti triumvir. r. p. c. nec non Augusti aureum cum inscriptione* SIGNIS RECEPTIS . . . . *Numi hi, quorum singuli quater quinquies, nonnulli sexies et septies reperti, omnesque anno, quo Romani cum Germanis ad Dümmeram manus conseruerunt* (gemeint ist der Feldzug des Germanicus vom Jahre 16 n. Chr.) *anteriores non aliunde huc translati sunt, sed ex proelio aut in ipso ubi reperiuntur loco aut in vicinia habito supersunt.* Justus Möser selbst bezieht in der Osnabrückischen Geschichte (1768) Th. I Abschn. 3 § 15 die in der Gegend von Vörden gefundenen Münzen ebenfalls auf den Kampf des Germanicus und fügt hinzu: 'Davon' (von den in der dortigen Gegend gefundenen römischen Münzen) 'befindet sich ein guter Theil bei dem Hrn. Grafen Bar 'zu Barenau; die Bauern finden dergleichen noch beim 'Plaggenmähen; keine von diesen Münzen übersteigt 'das Zeitalter dieser Periode; ich habe sie desfalls 'durchgesehen und Lodtmann beruft sich auf mein 'Zeugniss.'

Nachdem sodann Hartmann und Höfer in den oben angeführten Schriften auf diese in Vergessenheit gerathenen Angaben wieder hingewiesen und der letztere zugleich eine numismatisch freilich unbrauchbare[2]) Notiz

---

[1]) Gemeint ist der Denar Mommsen-Blacas 279 mit *M'. Acili* und *valetudinis.* Goeze a. a. O. giebt an, dass er die richtige Lesung desselben *M. Acilius III vir valetu.* dem Hrn. von Bar verdanke.

[2]) Es ist soeben von der Höferschen Abhandlung eine sogenannte 'zweite Ausgabe' erschienen, mit verändertem Titelblatt

über den jetzigen Bestand der Barenauer Sammlung gegeben hatte, hat Hr. Dr. Menadier vom hiesigen Münzcabinet mit gütiger Gestattung des Besitzers dieselbe an Ort und Stelle untersucht und verzeichnet. Ich lasse den von ihm darüber erstatteten Bericht auszugsweise folgen.

'Im Verfolg des mir von der Königlichen Akademie 'der Wissenschaften ertheilten Auftrages, die in den 'Feldmarken Engter und Venne nördlich der Stadt Osna'brück gefundenen römischen Münzen, insonderheit die 'im Besitze des Hrn. Erblanddrosten v. Bar auf Barenau 'befindlichen, zu prüfen und zu verzeichnen, bin ich am 'Montag, den 15. December 1884, nach Gut Borgwedde 'bei Venne abgereist. Nach voraufgegangener schrift'licher Anfrage, wann ich dem Herrn genehm komme, 'habe ich den darauffolgenden Mittwoch und Donnerstag 'auf Schloss Barenau verweilt, woselbst auf das zuvor'kommendste und gastfreundlichste empfangen worden 'zu sein, ich auch der Königlichen Akademie gegenüber 'rühmend hervorhebe. Die dort gewonnenen Ergebnisse 'weiter verfolgend, habe ich mich in den folgenden 'Tagen bemüht, in anderm Besitze versprengte Münzen 'Engter-Venneschen Ursprungs ausfindig zu machen,

---

(Bernburg und Leipzig 1885), in welcher durch Umdruck zweier Blätter (S. 83—86) die numismatischen Ungeheuerlichkeiten des ersten Druckes herauscorrigirt und also für diejenigen, die diesen nicht zu Gesicht bekommen, beseitigt sind. Zugleich sind dabei auch Fehler verschwunden, welche nicht durch ein blosses Durchcorrigiren ohne Sachkenntniss aufgezeichneter Notizen nach Handbüchern beseitigt werden konnten; während z. B. nach dem ersten Druck Hr. Höfer acht Münzen der Crispina gesehen hat, sieht er nach dem zweiten nur eine, ganz wie Hr. Menadier. Es erschien nothwendig diese stillschweigend vollzogene Manipulation hier öffentlich klarzulegen.

'Notizen über anderweitige Römerfunde der Gegend zu 'sammeln, sowie die gebildeten und für solche Gegen'stände zu interessirenden Männer der umliegenden Ort'schaften auf die in Frage stehenden Dinge aufmerksam 'zu machen und gegebenen Falles um ihre Beihülfe zu 'bitten. Ich habe zu dem Behuf Ausflüge nach Osna'brück, Lintorf, Ostercappeln, Wahlburg, Venne und 'Kalkriese unternommen und zumeist Entgegenkommen 'und Interesse gefunden; dieselben weiter auszudehnen 'wurde ich jedoch durch die Kürze der Tage und die 'Ungunst des Wetters verhindert. Heimgekehrt bin ich 'am Mittwoch den 24. December.'

Die Barenauer Sammlung besteht nach diesem Bericht aus 226 Stücken, und zwar, abgesehen von einer alten karischen zufällig darunter gerathenen Silbermünze, aus 77 republikanischen Denaren, 60 Denaren aus der Zeit von Caesars Dictatur bis auf die Schlacht von Actium (mit Einrechnung eines Denars Jubas II), 1 Gold- und 43 Silbermünzen des Augustus, 32 Silber- oder Billonmünzen der späteren Kaiser von Pius abwärts, endlich 12 Kupfermünzen römischer Kaiser. Die römischen bis auf die Schlacht von Actium geschlagenen Silbermünzen genügt es übersichtlich zu verzeichnen; für die anderen Abtheilungen gebe ich die Aufzeichnungen des Hrn. Menadier vollständig.

Denare der Republik.

Mommsen-Blacas.		Zahl d. Expl.
n. 31.	*Mat* (Victoriatus)	1
n. 75.	*C. Ter. Luc.*	1
n. 119.	*M. Tulli*	1
n. 167b.	*Q. Curt., M. Sila.*	1

Mommsen-Blacas		Zahl d. Expl.
n. 168.	[*M. S*]*ergi* [*Silus*]	1
n. 176.	*C. Pulcher*	1
n. 186.	*Ti. Q.*	1
n. 189.	*C. Alli Bala*	1
n. 194a.	*Ap. Cl., T. Mal.*	1
n. 199.	*L. Iuli L. f. Caesar*	1
n. 203.	*M. Cato* (Quinar)	1
n. 208.	*C. Fabi C. f.*	1
n. 209.	*M. Lucili Ruf.*	1
n. 212.	*L. Piso L. f. Frugi* oder *Piso Frugi*	7
n. 213a.	*D. Silanus L. f.*	3
n. 213b.	*D. Silanus L. f.*	1
n. 214a.	*Q. Titi*	1
n. 214b.	*Q. Titi*	2
n. 215.	*L. Tituri Sabinus*	1
n. 216.	*C. Vibius C. f. Pansa*	2
n. 227b.	*L. Cens*[*orin.*], *C. Limetan., P. Crepusi*	1
n. 227c.	*L. Censor.* (abgerieben)	1
n. 227e.	*C. Mamil. Limetan*	1
n. 228.	*L. Rubri Dossen*	1
n. 229.	*Cn. Lentul*	2
n. 230b.	[*C. Censori*]	1
n. 231.	*Ti Claud. Ti. f. Ap. n.*	1
n. 232a.	*L. Sulla, L. Manli*	1
n. 233.	*M'. Fontei C. f.* (abgerieben)	1
n. 234.	*L. Iuli Bursio*	1
n. 236.	[*Q.*] *Anto. Balb.*	2
n. 250.	*A. Post. A. f. S. n. Albin.*	1
n. 251.	*L. Rutili Flac.*	1
n. 254.	*L. Papi*	1
n. 257a.	*M. Voltei M. f.*	1

Mommsen-Blacas.		Zahl d. Expl.
n. 259a.	*Cn. Leu.*	3
n. 261.	[*C. Egnatius Cn. f. Cn. n.*] *Maxsumus*	1
n. 263.	*L. Lucreti Trio*	2
n. 265.	*P. Satri*[*enus*]	1
n. 273.	*M. Scaur., P. Hupsaeus*	4
n. 276a.	*Cn. Plancius*	2
n. 278.	*Caesar*	3
n. 279.	*M'. Acilius*	2
n. 280a.	*Paullus Lepidus*	1
n. 280c.	*Libo*	1
n. 284.	*Q. Cassius*	1
n. 285.	*Longin*	1
n. 295.	*Philippus*	1
n. 301.	*C. Serveil. C. f.*	1

unbestimmt:

Romakopf n. r., dahinter x; (von der Aufschrift nur s deutlich) (Victoria auf Biga n. r.; unter den Vorderfüssen Ruder; im Abschnitt ROMA (vergl. M. Bl. n. 161 *M. Cipi M. f.*)	1
Romakopf n. r.) (Victoria mit Kranz und Palme auf Viergespann n. r.; Beizeichen unkenntlich. Ein Exemplar ausgebrochen	2
Kopf der Roma n. r.) (dasselbe Gepräge incus	1
Bärtiger Kopf) (unkenntlich. — Gefuttert	1
Unkenntlich. — Serratus; gefuttert	1
Kopf des Apollon von vorn) (Zeus Labrandeus mit Doppelaxt über der Schulter von der Seite; Aufschrift verrieben. Münze des Pixodaros von Karien[1]). Mionnet 3 S. 399 n. 14	1

[1]) Die Drachmen des Pixodaros wiegen vollwichtig etwas über

Denare aus der Zeit von Caesars Dictatur bis zur Schlacht bei Actium.

Cohen monn. cons.[1])		Zahl d. Expl.
Iulia 9	*Caesar*	1
Iulia 11	*Caesar*	2
Coponia 1	*C. Coponius, Q. Sicinius*	1
Caecilia 9	*Q. Metel. Pius Scipio*	1
Carisia 1		1
Carisia 2		2
Carisia 3	*T. Carisius*	1
Carisia 7		2
Carisia 8	(verrieben)	1
Cordia 1	*M'. Cordius Rufus*	1
Hostilia 2	*L. Hostilius Saserna*	1
Plautia 7	*L. Plautius Plancus*	2
Valeria 7	*L. Valerius Acisculus*	1
Sepullia 8	*P. Sepullius Macer*	1
Postumia 8	*Albinus Bruti f.*	2
Postumia 9		1
Vibia 11	*C. Vibius C. f. C. n. Pansa*	1
Vibia 13		1
Claudia 6	*P. Clodius M. f.*	3
Claudia 7		1
Mussidia 5	*L. Mussidius Longus*	1
Voconia 2	*Q. Voconius Vitulus*	1
Pompeia 8	*Mag. Pius*	1
Antonia 17	*M. Antoni* (Kopf des Sol.)	1

---

4 g und es konnte also füglich eine einzelne derselben unter die römischen Denare zum Fuss von 3.9 g gerathen. Wahrscheinlicher aber ist es, dass diese kleinasiatische Münze anderswoher in die Barenauer Sammlung gelangt ist.

[1]) Die Nummern sind die der Cohenschen Tafeln.

Zahl d. Expl.

Antonia 39 Legionsdenare des Antonius der Legionen II (3) — III (2) — IV — V — VI (2) — VII (2) — VIII — IX — X (2) — XIII (3) — XV — XVI (2) — XVII CLASSICAE — XX 23

Cohen monn. de l'empire (ed. 2)

Aug. 44 *imp. Caesar* (Schild und Lanzen) 1
Aug. 64 *Caesar divi f.* (Victoria auf der Weltkugel) 1
Aug. 72 *Caesar divi f.* (Caesar stehend) 1
Aug. 123 *imp. Caesar* (Quadriga auf dem Triumphbogen) 1
Aug. 227 *C. Caesar IIIvir r. p. c.* (mit *popul. iussu*) 1 Kopf des Juba; *rex Juba*) (Tempel mit sechs Säulen; *r.* XXXI (Müller num. de l'Afrique 3 p. 105) 1

Gold- und Silbermünzen des Augustus.

Æ Kopf des Augustus nach rechts mit der Unterschrift: CAESAR AVGVSTVS) (OB CIVIS SERVATOS in drei Zeilen innerhalb eines Eichenlaubkranzes. Cohen Aug. n. 208 1

Æ Kopf des Augustus nach rechts mit der Umschrift: CAESAR AVGVSTVS) (Eichenlaubkranz mit langen Bändern innerhalb; oberhalb: OB · CIVIS; unterhalb: SERVATOS. Cohen Aug. n. 210. Ein Stück auf der Kehrseite angegriffen 2

Æ Kopf des Augustus nach rechts mit der Umschrift: CAESAR AVGVSTVS) (Schild mit der Aufschrift: S · P · Q · R · CL · V · (undeutlich) innerhalb eines Eichenlaubkranzes, oberhalb dessen: OB · CIVIS; unterhalb SERVATOS. Cohen Aug. n. 215 1

Æ Bekränzter Kopf des Augustus nach links mit der Umschrift: CAESARI AVGVSTO) (Wagen mit einem Legionsadler in einem kleinen auf drei Stufen ruhenden Rundtempelchen mit einer Kuppel auf vier Säulen. Cohen Aug. n. 281 1

Æ Kopf des Augustus nach rechts mit der Umschrift: AVGVSTVS DIVI · F) (Zwei Krieger überreichen dem rechts auf einem Throne sitzenden Augustus je einen Lorbeerzweig; im untern Abschnitt: IMP · X. Cohen Aug. n. 135 1

Æ Kopf des Augustus nach rechts mit der Umschrift: AVGVSTVS DIVI · F) (Stossender Stier nach rechts; im untern Abschnitt: IMP · X (auf einem Exemplar die Inschrift des Abschnitts unkenntlich). Cohen Aug. n. 138 3

Æ Kopf des Augustus nach rechts mit der Umschrift: AVGVSTVS DIVI · F) (Apollo in Vorderansicht; zu den Füssen beiderseits: IMP · X; im untern Abschnitt, der der einen Münze nicht aufgeprägt ist: ACT. Cohen Aug. n. 144 2

Æ Kopf des Augustus nach links) (Skorpion nach rechts gewandt, mit einer Kugel und einem Ruder zwischen den Füssen und einem Füllhorn im Rücken; unterhalb: AVGVSTVS. Cohen Aug. n. 22 1

AV Kopf des Augustus nach rechts, bekränzt; Umschrift: CAESAR AVGVSTVS DIVI F · PATER PATRIAE) (die Caesaren Gaius und Lucius in Vorderansicht stehend halten jeder einen Schild und einen Speer, über denen im Felde ein Simpulum und ein Augurstab. Umschrift: C · L · CAESARES AVGVSTI F · COS · DESIG · PRINC · IVVENT. Gut erhalten. Cohen Aug. n. 42 1

Æ Das gleiche Gepräge; grosse Verschiedenheiten in dem Porträt des Augustus. Zumeist gut erhalten. Cohen Aug. n. 43 31

Nachaugustische Silber- und Billonmünzen.

Denar. Bekränzter Kopf des Kaisers Antoninus Pius nach rechts. Umschrift: [ANTONI]NVS AVG [PI]-VS · P · P · TR · P · XI)(Stehende Göttin nach links, mit der linken ein Ruder, mit der rechten einen Zweig (?) über einen brennenden Altar haltend. Umschrift: COS · IIII. . 1

Denar. Bekränzter Kopf des Kaisers Antoninus Pius nach rechts. Umschrift: ANTONINVS [AVG] PIVS P · P ·)(Blitzbündel auf einem verhängten Stuhl. Umschrift: COS · III. . . . 1

Denar. Kopf des Kaisers Antoninus Pius nach rechts. Umschrift: ANTONINVS AVG · P . . .)(Fortuna nach links stehend. Umschrift: COS . . . 1

Denar. Bekränzter Kopf des Kaisers Antoninus Pius nach rechts. Umschrift: IMP · ANTONINVS · PIVS · AVG)(Victoria nach links. VICTORIA · AVG. Kehrseite abgerieben 1

Denar. Kopf der älteren Faustina nach rechts. Umschrift: DIVA FAVSTINA)(Weibliche Figur mit flatterndem Tuch. Umschrift: AETERNITAS 1

Denar. Bekränzter Kopf des M. Aurelius[1]) nach rechts. Umschrift: . . M · ANTO · P · FI · AVG . . NOBIL AVG P M · T . . .)(Minerva nach rechts stehend, in der Rechten einen Speer, auf der ausgestreckten Linken eine Victoria . 1

---

[1]) Vielmehr die Münze des Commodus mit dem Revers *nobilit. Aug.* (Cohen Comm. 123. 125). TH. M.

Denar. Kopf der Crispina nach rechts. Umschrift: CRISPINA AVGVSTA)(Altar. Umschrift: DIS GENITALIBVS 1

Denar. Bekränzter Kopf des Septimius Severus nach rechts. Umschrift: [IMP · CAES] SEPT · SEV · [PERT ·] AVG [COS II])(Fortuna nach links sitzend, in der Linken ein Füllhorn, in der Rechten ein Ruder haltend. Umschrift: FORTVNAE [REDVCI] 1

Denar. Bekränzter Kopf des Caracalla (?) nach rechts. Umschrift: IMP .. PIVS AVG)(Victoria nach links eilend. Umschrift: [VICTORIA] AVGVSTI 1

Denar. Bekränzter Kopf des Elagabalus nach rechts. Umschrift: IMP · ANTONINVS [PIVS] AVG.)(Der Kaiser nach links stehend hält in der Linken ein Scepter und mit der Rechten eine Schale über einen brennenden Altar; in der Höhe ein Stern. Umschrift unleserlich: [INVICTVS SACERDOS AVG.] 1

Denar. Kopf der Julia Mamaea nach rechts. Umschrift: IVLIA MAMAEA)(Juno neben einem Pfau nach links stehend hält in der Linken ein Scepter und in der Rechten eine Schale. Umschrift: IVNO CONS 1

Denar. Kopf des Severus Alexander nach rechts. Umschrift: . . . SEV . . .) (sitzende Göttin nach links. Umschrift: P · P COS 1

Denar. Kopf des Gordian mit Strahlenkranz nach rechts. Umschrift: IMP · CAES · M . ANT · GORDIANO)(Victoria nach links, in der Linken eine Palme, in der Rechten einen Kranz haltend. Umschrift: P · M · TR · P . . . P · P · Ausgebrochen 1

Denar. Kopf des Gordian mit Strahlenkranz nach rechts. Umschrift: IMP · GORDIANVS PIVS FELIX AVG)(Stehender Jupiter, mit der Rechten sich auf ein Scepter stützend. Umschrift: IOVI STATORI 1

Denar. Bekränzter Kopf des Gordian nach rechts. Umschrift: IMP · GORDIANVS P · F · AVG)(Ein Krieger nach rechts stehend, in der Linken eine Lanze, mit der Rechten eine Kugel haltend. Umschrift: . . . TR · P · IIII · COS · II P · P 1

Denar. Kopf des Philippus mit Strahlenkranz nach rechts. Umschrift: IMP · PHILIPPVS AVG.)(Roma nach rechts sitzend mit einer Victoria auf der Hand. Umschrift: ROMAE AETERNAE 1

Denar. Kopf des Philippus mit Strahlenkranz nach rechts.)(Umschrift: IMP · M · IVL · PHILIPPVS AVG. Zwei Reiter nach rechts. 1

Denar. Kopf des Valerianus mit Strahlenkranz nach rechts. Umschrift: IMP · C · P · LIC · VALERIANVS AVG.)(Weibliche Figur mit ausgebreiteten Armen. Umschrift: PIETAS AVG. 1

Denar. Kopf des Valerianus mit Strahlenkranz nach rechts. Umschrift: DIVO VALERIANO CAES.)(der Caesar auf einem Adler emporschwebend. Umschrift: CONSECRATIO 1

Denar. Kopf des Gallienus mit Strahlenkranz nach links. Umschrift: GALLIENVS · P · F · AVG) (Victoria nach links schreitend. Umschrift: VICTORIA GERMANICA 1

Bronze. Gallienus, völlig verrieben; auf einem Ex. scheinbar eine Victoria 2

kl. Br. Kopf des älteren Tetricus mit Strahlenkranz nach rechts. Umschrift: TETRICVS P · F · AVG) (Weibliche Figur nach links stehend, einen Kranz in der rechten haltend 1

kl. Br. Kopf des jüngeren Tetricus. Umschrift und Kehrseite unkenntlich 1

M. Br. Kopf des Probus mit Strahlenkranz nach rechts. Umschrift: IMP · C · IVL · AVR · PROBVS AVG) (Weibliche Gestalt zwischen zwei Militärzeichen. Umschrift: FIDES MILITVM . . . 1

kl. Br. Behelmter Kopf des Constantin (?)) (Victoria 1

kl. Br. Behelmter Kopf der Roma) (VRBS ROMA; die Wölfin 1

kl. Br. Kopf des Valentinian (?).) (SECVRITAS . . . 1

kl. Br. gänzlich verrieben. 4

Kupfermünzen.

M. Br. Kopf des Agrippa mit einem Diadem, nach links; Umschrift: M · AGRIPPA · L · F · COS · III.) (Neptun in Vorderansicht stehend; zu beiden Seiten S C. Cohen Agrippa n. 3 . . . 1

Bronze. Kopf des Augustus nach rechts; von der verriebenen Umschrift nur TRIBVNIC kenntlich) (S · C · im Felde; von der verriebenen Umschrift nur III · VIR · A · A · A · F · F · kenntlich (etwa Asinius Gallus oder Lurius Agrippa). 2

Bronze. Kopf des Augustus mit Strahlenkranz nach links. Umschrift: DIVVS AVGVSTVS PATER) (Altar; seitwärts: S C; unterhalb: PROVIDENTIA. Cohen Aug. n. 228. Ein Stück verrieben 2

Gr. Br. Im Felde S · C ·; Umschrift: TI · CAESAR DIVI AVG · F · AVGVSTVS · IMP · VIII) (CIVITATIBVS ASIAE RESTITVTIS. Tiberius sitzt nach links auf einem Stuhle und hält in der Rechten eine Schale, in der Linken ein Scepter. Gut erhalten. Cohen Tiber. n. 3 1

M. Br. Kopf des Kaisers Nero nach links. Umschrift: IMP · NERO CAESAR AVG P · M · XII)(Victoria nach links, einen Schild haltend. C S 1

Gr. Br. Kopf des Kaisers Domitian nach rechts. Umschrift: DOMITIAN · AVG . . .)(stehende Göttin. S C. Umschrift unleserlich 1

M. Br. Bekränzter Kopf des Kaisers Domitian nach rechts. Umschrift: DOMITI . . . TR · P ·)(Fortuna nach links mit einem Füllhorn in der Linken und einem Ruder in der Rechten. C S Umschrift: FORTVNAE AVGVSTI. Vorderseite abgerieben 1

Gr. Br. Bekränzter Kopf des Kaisers Vespasian nach rechts. Umschrift: IMP · CAES · VESPASIANVS AVG COS VIII)(Fortuna nach links mit Füllhorn in der linken und einem Ruder in der rechten. S C. Umschrift: FORTVNAE. Abgerieben 1

M. Br. Kopf des M. Aurelius. Umschrift: AVRELIVS . . CAESAR ANTONINI AVG PII FIL)(Behelmter Krieger nach links stehend, mit der linken auf einen Speer sich stützend, mit der rechten ein Schwert haltend. Beiderseits über dem S C: VIRTVS. Umschrift: TR · POT VI · COS · II 1

M. Br. Unkenntlicher Kaiserkopf)(Tropaeum mit zwei Gefangenen 1

Über den Erhaltungsstand bemerkt Hr. Menadier im Allgemeinen:

'Die besterhaltenen aller Münzen sind die Gepräge 'des Augustus, wenn schon auch diese nicht ersten Ranges 'sind; die Denare der römischen Republik sind wohl 'durchgängig angegriffen, die Münzen der übrigen Kaiser 'aber sind zumeist sehr stark verrieben. Dieser Um-'stand lehrt unwiderleglich, dass die verzeichneten 'Münzen keine einheitliche Fundmasse bilden können'.

Über die Auffindung ist ihm nur folgendes zur Kenntniss gekommen.

'Der Herr Erblanddrost von Bar wusste nur von dem 'einen verzeichneten Aureus des Augustus, der im Jahre '1867 im Gemüsegarten des Gutes Barenau gefunden 'worden ist, die Herkunft anzugeben, während er in 'Betreff der übrigen vollständig ohne Kunde zu sein 'bekannte. Ein systematisches Sammeln oder einen ein-'maligen grösseren Ankauf hielt derselbe jedoch für 'ausgeschlossen, da über einen derartigen Vorgang die 'Familienpapiere Nachricht geben würden. Ein gleiches 'lehrt auch das Auftreten von Wiederholungen einzelner 'Münzen. Dass sie jedoch mit vielleicht geringen Aus-'nahmen in der Umgegend selbst gefunden worden seien, 'war die feste Überzeugung des Besitzers.'

Herrn Dr. L. Stüve, Oberlehrer am Gymnasium in Osnabrück, dem wir eine Reihe werthvoller Mittheilungen verdanken, berichtete ein älterer Osnabrücker Goldschmied, ein durchaus zuverlässiger Mann, dass der Vater des jetzigen Herrn von Bar ihm erzählt, er habe von den Bauern dortiger Gegend oftmals Münzen gekauft, welche dieselben dort gefunden und ihm angeboten hätten.

Es ist ferner Tradition in Barenau, welcher auch Hr. Höfer gedenkt, dass ein Theil der Münzen, namentlich goldene, zur Zeit der Franzosen, die auch in

Barenau gelegen, abhanden gekommen sei. Wahrscheinlich ist dies richtig; andererseits aber sind die jetzt vorhandenen Münzen sicher grossentheils dieselben, 127 an der Zahl, welche vor fast zweihundert Jahren H. S. von Bar verzeichnete und funfzig Jahre später Möser in Barenau vorfand. Denn einerseits fehlt jetzt der ausdrücklich von Möser erwähnte augustische Aureus mit *signis receptis* (Cohen Aug. n. 258 oder n. 261); andererseits finden sich sämmtliche von Möser namhaft gemachte Denare noch jetzt auf Barenau, und es kann kein Zufall sein, dass dieselben vierzehn Legionen des Antonius, die Möser namhaft macht, und keine andere auch in der jetzigen Sammlung erscheinen.

In Betreff der Herkunft der Barenauer Münzen hat weiter Herr Dr. Hermann Veltmann[1]) in Osnabrück kürzlich noch die folgende in der Chronik des dortigen Rathsgymnasiums für die Jahre 1824—1828 von dem damaligen Director desselben Fortlage[2]) mitgetheilte Nachricht hingewiesen: 'Ausserdem erhielt auch noch 'die Münzsammlung von Herrn Landdrost von Bar

[1]) Die Münzfunde in der Umgegend von Barenau und die Örtlichkeit der Varuskatastrophe. Osnabrück 1885. 8. SS. 15. Weiter enthält die Schrift nichts, was für die Lösung der Frage in Betracht käme.

[2]) J. J. B. Fortlage, zweite Fortsetzung der Chronik des evangelischen Gymnasiums in Osnabrück, von Michaelis 1824 bis Ostern 1828. 4. S. 13. Hr. Prorector Hartmann, von dem Veltmann jene Notiz erhielt, spricht dagegen in dem Programm von 1872 S. 32 von 82 vor dem Erwerb der bekannten Schledehausschen Sammlung von dem Gymnasium besessenen antiken Münzen 'von denen viele, 'die einst der Landdrost von Bar geschenkt, wahrscheinlich bei Engter, 'wo noch heutzutage römische Münzen ausgepflügt werden, gefunden 'worden sind'. Die Angabe Fortlages scheint Hartmann damals nicht gekannt und die von Herrn Bar gesandten Münzen alle als localen Fundorts angesehen zu haben.

'24 Silber und Kupfermünzen, zum Theil römische im 'Meppenschen gefunden, oder aus Spanien gebracht, zum 'Theil griechische und asiatische, nebst einigen neueren'. Der gegenwärtige Hr. Besitzer von Barenau, des hier bezeichneten Schenkers Enkel, erklärte sich auf meine Anfrage ausser Stande über die Herkunft der Münzen aus Spanien Aufschluss zu geben und hält es für wahrscheinlich, dass auch diese von seinem Vorfahren in Meppen erworben worden sind. Wenn diese Nachricht einerseits bestätigt, dass die in Barenau befindlichen Münzen wenigstens grossentheils in der Gegend gefunden sind, so zeigt sie andererseits, dass auch anderswoher Münzen in den Besitz dieser Familie gelangt sind, und ist insofern achtenswerth und wichtig. Mit Recht also ist diese Untersuchung davon ausgegangen, dass wohl ein beträchtlicher Theil dieser Münzen aus örtlichen Funden herrührt, aber keineswegs für jedes einzelne Stück die Herkunft aus dieser Gegend als gesichert gelten kann.

II. Andere Münzfunde in der Umgegend von Barenau.

Engter:

'Mir ist', sagt Höfer a. a. O. S. 83, 'vom Post-'verwalter Inderstroth in Engter versichert, dass 'er früher viele römische Münzen besessen, welche 'alle in der Umgegend gefunden worden sind.' — Hr. Menadier bemerkt: 'Auf Grund von Mitthei-'lungen des Hrn. Hofbesitzer Knille vermag ich 'hinzuzufügen, dass sein Vater ebenfalls sehr viele 'römische Münzen besessen habe, die gelegentlich 'eines Hausbaues auf der Höhe gefunden und später-'hin nach Berlin verkauft seien. Einem an den

'Hrn. Müller von Sondermühlen gerichteten Briefe 'des Hrn. Sanitätsrath Dr. Hartmann entnehme 'ich die Bemerkung, dass viele im Engterschen ge- 'fundene Römermünzen nach England verkauft 'seien.'

Kalkriese.

'Die verwittwete Frau Niewedde zu Kalkriese, 'deren Grundbesitz mit dem Gute Barenau un- 'mittelbar zusammenstösst, theilte mir mit, dass 'Jahr aus Jahr ein ihrem verstorbenen Manne 'alte Silber- und Goldmünzen angeboten seien. Da 'derselbe jedoch kein Geld dafür habe geben wollen, 'seien sie hinterdrein zumeist auf Barenau ange- 'boten worden. Einige möchten auch anderweit 'verkauft sein. Von zwei Goldstücken aber wisse 'sie genau, dass sie an den verstorbenen Herrn 'Dr. Gustav Piesbergen zu Bramsche abgegeben 'seien. Mehrere Münzen seien auf dem Acker 'des Herrn Lübbe gefunden, der am Berges- 'hange südlich der Landstrasse liegt, wo diese 'einen Bach überschreitet, und der eben dieser 'Funde halber seit Alters den Namen: „die Gold- 'stücke" führt. Von dort stamme auch die in 'ihrem eigenen Besitze befindliche Silbermünze '[Mommsen-Blacas n. 280 a (s. oben)]. Auf ihrem 'eigenen Grund und Boden sei dagegen ein alter, 'patinirter, dünnwandiger, bauchiger Bronzekessel 'mit beweglichem Henkel und drei kleinen schweren 'Füssen gefunden worden[1]). (Der Kessel, noch vor 'einem Jahre vorhanden, dann unter das Gerümpel

---

[1]) Studienrath Müller erwähnt in der Zeitschrift des histor. Vereins für Niedersachsen 1882 S. 62 römischer im Grossen Moor bei Kalkriese und in der Angelbecker Mark gefundener Feldkessel.

'geworfen, war trotz allem Suchen nicht zu finden; 'jedoch ist mir eine Fortsetzung des Suchens fest 'zugesichert.) Diese Angaben ergänzend führte 'mich der Schwiegersohn der genannten Frau, der 'Landtags-Abgeordnete Dr. Fisse, zu einem lang-'gestreckten künstlichen Hügel, in unmittelbarer 'Nähe des Fundackers auf der nördlichen Seite 'der Landstrasse, aus dem das Wasser vor einiger 'Zeit Pferdezähne losgespült habe'. Diese Herrn Menadier von Frau Niewedde gemachte Mittheilung wird bestätigt durch eine andere, demselben von dem Hrn. Ortsvorsteher Linnenschmidt in Venne gemachte: 'Vor etwa 25 bis 30 Jahren 'hat ein seitdem verstorbener Heuermann Namens 'Winter, seiner Zeit wohnhaft in Schomakers Be-'hausung zu Kalkriese, beim Umgraben seines 'Gartenlandes ein Goldstück gefunden. Dasselbe 'soll von dem Finder verschiedentlich zum Verkauf 'ausgeboten, schliesslich in den Besitz des ver-'storbenen Dr. med. G. Piesbergen in Bramsche 'gekommen sein'. Die zu Osnabrück lebende Wittwe des Herrn Piesbergen vermochte Hrn. Menadier keine weitere Auskunft zu geben; alle Gold- und Silbermünzen seien nach dem Tode ihres Gatten verkauft; Kupfermünzen befänden sich vielleicht noch im Besitz ihres Sohnes. Dagegen theilte Hr. Dr. Fisse Abschrift eines Briefes von Dr. Piesbergen vom August 1857 mit, nach welchem von dem Königlichen Münzcabinet zu Hannover für einen zu Kalkriese gefundenen Aureus 11 Thaler geboten sind, und in Folge dessen derselbe erworben sein wird. Da auch der von Grotefend besessene Aureus in Bramsche erworben ward (S. 41), so dürfte auch dieser von Piesbergen und insofern aus Kalkriese herrühren.

Ein anderes Exemplar des oben S. 22 beschriebenen Aureus, im Besitz des Amtsrichters Sudendorf in Neuenhaus, ist gefunden 'auf dem Passe zwischen 'Kalkriese und Barenau, wo im Laufe eines Jahr-'hunderts mehrere hunderte römische Gold-, Silber-'und Kupfermünzen gefunden sind'. C. L. Grotefend rheinländ. Jahrb. 49 (1870) S. 180. Nach einer gefälligen Mittheilung des genannten Herrn ist diese Münze ihm später abhanden gekommen.

'Kurz nach der im Jahre 1803 vollzogenen Mar-'kentheilung (etwa in dem Zeitraum 1810—1820) 'sollen von den drei Brüdern Tepe in Niewedde bei den 'Umwallungsarbeiten eines Kampes in der Nähe 'des Gutes Barenau alte verrostete Hufeisen, 'Ketten und ähnliches Eisengeräth gefunden sein; 'der Miethsmann Ostendorf soll den Fund für '8 Thaler nach Osnabrück verkauft haben.' Nach Mittheilung des Hrn. Linnenschmidt in Venne an Menadier.

Dieve Wiesen nordwestlich von Barenau.

'Bei Wischmeiers Kotten in der Nähe der dieven 'Wiesen ist vor einigen Jahren, nach Mittheilung 'des Hrn. Dr. Fisse, ein Goldstück gefunden wor-'den'. Menadier.

Amt Vörden.

'Auch in diesem Amte', sagt J. K. Wächter (Statistik der im Königreich Hannover vorhandenen heidnischen Denkmäler. Hannover 1841 S. 113) 'sind nach der brieflichen Mittheilung des 'oft genannten Hrn. Forstsecretairs [Wehrkamp, 'vgl. S. 122] und namentlich auf dem sogenannten

'Weissenfelde [Wittenfeld] goldene römische 'Münzen gefunden worden'.

Borgwedde.

'Eine halbe Stunde südöstlich von Barenau sind 'vor dreissig Jahren am Bärenhügel auf dem Gute 'Borgwedde, wo der Venner Mühlenbach aus den 'Bergen heraustritt, dreissig alte Münzen beim 'Plaggenschaufeln, frei unter den Plaggen liegend, 'gefunden; da das Gutshaus jedoch bald darauf aus-'gebrannt ist, hat sich keine derselben erhalten; 'auch konnte ich keine weitere Gewissheit, wel-'cher Art sie gewesen seien, erlangen, als dass die 'verschiedenen Metalle darunter vertreten waren'. Menadier.

Venne.

Ein drittes Exemplar des oben S. 22 beschriebenen Aureus erwähnt J. E. Stüve in der Beschreibung und Geschichte des Hochstifts und Fürstenthums Osnabrück (Osnabrück 1789. 8) S. 142 als 'ohnweit Venne' gefunden und bildet es auf dem Titelkupfer ab. — Nach C. L. Grotefend (bei Fr. Hahn der Fund von Lengerich. Hannover 1854. S. 57) kam die von Stüve abgebildete Münze später in den Besitz der Gräfin Münster von Langelage.

Die seltene Goldmünze (Cohen Aug. n. 363): *Caesar Augustus.* Lorbeerbekränzter Kopf nach rechts.) (*C. Aquillius Florus.* Blume — wurde, nach Grotefend a. a. O., zugleich mit der vorigen im Anfang der achtziger Jahre des vorigen Jahrhunderts im Venner Moor Amts Hunteburg gefunden. Sie befand sich später in der Sammlung des Archivraths Sudendorf früher in Hannover, Bruders des obengenannten Amtsrichters.

'Ein in der Venner Gegend gefundener Aureus 'des Augustus ist in den Besitz des Hofrath 'Ehrentraut übergegangen.' Prorector Hartmann an Menadier.

Als gefunden 'in der Umgegend von Barenau und Venne' werden bezeichnet zwei in der Münzsammlung des Rathsgymnasiums von Osnabrück aufbewahrte und daselbst von Höfer S. 85 und Menadier gesehene Denare:

Cohen Poblic. 8: *Cn. Magnus imp., M. Poblici leg. propr.*

Cohen Aug. n. 43 (s. oben).

Auch Hartmann (Wanderungen durch das Wittekinds- oder Wiehengebirge. Preussisch Oldendorf 1876. S. 74) erwähnt unter den am Südrande des Tiefen Moors bei Venne und Barenau gefundenen Münzen einen 'Silberdenar des Cneius Pompeius'.

'Von zuverlässiger Seite ist mir erzählt worden, 'dass der Pastor Lodtmann in Freren einen Gold-'schmuck, Gürtel oder dergleichen von grossem 'Werth, welcher in der Venner Gegend beim Torf-'graben gefunden worden, angekauft und an den 'Grafen Knyphausen zu Lödelsburg bei Norden in 'Ostfriesland wieder verkauft habe.' Dr. Stüve an Menadier.

Ferner sagt Wächter a. a. O. S. 111: 'Im 'Amt Wittlage-Hunteburg sind viele römische 'Münzen gefunden worden. Der Vater des mehr-'gedachten Hrn. Forstsecretairs [vergl. S. 33] hat 'an die 15 — 20 Stücke und ein Colon Namens 'Holtkamp 8—12 derselben besessen, die sämmtlich 'in Gräbern und Heiden der Kirchspiele Venne 'und Hunteburg gefunden worden sind. Zwei

'Gold- und einige Kupfermünzen wurden in seiner 'Gegenwart in Venne gefunden, die aus den nicht 'unbedeutenden mit Steinen bedeckten Grabmälern 'zu Driehausen, Bauerschaft Schwapstorf, Kirch- 'spiels Ostercappeln, herausgegraben worden. Die 'Münzen sind mit dem Verzeichnisse der Kaiser, 'von welchen sie geprägt, verloren gegangen'. — Hr. Menadier fügt hinzu: 'Das Wohnhaus des Colo- 'nats Holtkamp, in der Mitte zwischen Barenau und 'Venne gelegen, ist vor längerer Zeit abgebrannt, 'so dass von den Münzen nichts mehr erhalten ist; 'der gegenwärtige Besitzer weiss sich derselben nicht 'zu erinnern und der alte Oheim desselben, der 'von ihnen wissen könnte, ist schwerhörig. Der Me- 'tallklumpen, der aus den Brandtrümmern gerettet 'sein soll, wird wohl aus neueren Münzen zu- 'sammengeschmolzen sein. Die Denkmäler auf dem 'Driehauser Felde sind nach der Versicherung des 'Hrn. Hartmann nur zur Hälfte vom Grafen 'Münster untersucht, die andere Hälfte ist noch 'unberührt'. — 'Die Steindenkmäler von Driehausen', sagt Höfer a. a. O. S. 89, 'sind in neuester Zeit 'von Sr. Majestät dem Kaiser angekauft und da- 'durch glücklicher Weise vor der Zerstörung ge- 'sichert'. — Wie es sich mit den angeblich in Urnen gefundenen Münzen verhält, muss dahin gestellt bleiben; sollten die wenig beglaubigten Angaben wider Erwarten correct sein, so dürften diese Münzen wohl eher dem 4. Jahrhundert angehören als der augustischen Zeit.

Sammlung des Pastors Lodtmann in Freeren.

Aus dieser Sammlung stammen die folgenden 24 Denare, welche Hr. Menadier in der Sammlung des Gymnasiums in Osnabrück gesehen und verzeichnet hat; sie gleichen in ihrer ganzen Erscheinung und Färbung durch Oxydation den in Barenau aufbewahrten voraugustischen und augustischen Münzen.

Mommsen-Blacas.		Mommsen-Blacas.	
n. 43.	*P. Mae.*	n. 230b.	(s. oben).
n. 128.	*M. Porci Laeca.*	n. 236.	(s. oben).
n. 134.	*M. Marc.*	n. 264.	*L. Rusti.*
n. 142.	*Q. Pilipus.*	n. 267b.	*M. Plaetorius M. f. Cestianus.*
n. 156.	*L. Philippus.*		
n. 160.	*P. Nerva.*	n. 278.	(s. oben),
n. 204.	*L. Cot.*	n. 285.	(s. oben).
n. 213a.	(s. oben).	n. 295.	(s. oben).
n. 214a.	(s. oben).	n. 299.	*C. Postumi Ta.*
n. 227c.	(s. oben).	Cohen méd. cons.	
n. 227e.	(s. oben).	*Cordia* 1	(s. oben).
n. 228.	(s. oben).	*Claudia* 6	(s. oben).
n. 230a.	*C. Censo.*	*Antonia* 17	(s. oben).

Hr. Menadier fügt hinzu: 'Ohne Zweifel ent'stammt ebendenselben Funden ein Denar des 'Augustus mit dem Apollo von Actium auf der 'Kehrseite (Cohen Aug. n. 144), welchen der Taub'stummenlehrer Hr. Thiemeier in Osnabrück in 'der Stadt selbst gekauft hat, und werden ausser'dem in den Osnabrücker Privat-Münzsammlungen 'noch manche derartige Münzen sich versteckt 'halten'.

III. Sonstige Funde zwischen Ems, Weser und Lippe[1]).

Jever.

Silbermünzen bis Hadrian oder Pius. Mein R. M. W. S. 773.

---

[1]) Die richtige Würdigung der Münzfunde in und um Barenau ist nur möglich, wenn man sie mit den sonst in diesem Theil Germaniens gemachten zusammenhält und ihre Singularität sich klar macht. Ich gebe hier diejenigen an, die aus dem Gebiet zwischen Ems, Weser und Lippe zu meiner Kenntniss gekommen sind, wobei die Zusammenstellungen der HH. von Alten und Dr. Hartmann in den s. A. 1 und S. 12 A. 2. 65 A. 5 angeführten Schriften, so wie die von Hrn. Menadier eingezogenen Nachrichten mir von wesentlichem Nutzen waren. Sicher aber fehlen nicht wenige noch zu ermittelnde Fundnotizen. An die Gelehrten sowohl wie an die Nichtgelehrten, welche für diese Frage sich interessiren, richte ich die Bitte, mir die Vervollständigung dieser Nachrichten möglich zu machen. — Von den Münzfunden am linken Emsufer habe ich nur den von Bingum an der Ems selbst aufgenommen; andere, zum Beispiel von Assen und von Lintloh, giebt von Alten a. a. O. S. 15. 16, zum Theil nach Janssens Beschreibung der Drenther Alterthümer; Funde aus Nordhorn (republikanische und augustische Denare) und Neuenhaus (ein augustischer Denar) verzeichnet C. L. Grotefend in den rheinländ. Jahrbüchern 49 (1870) S. 180; vergl. auch P. S. van der Scheer *de Valther-Brug* (Windschoeten 1855) S. 14. — Auch die Münzfunde zwischen Weser und Elbe verdienten gesammelt zu werden. Hr. Menadier giebt mir Nachricht von einer um das Jahr 1875 bei Salder südlich von Braunschweig auf einem Rübenfeld gefundenen gut erhaltenen Goldmünze des Augustus mit *Caesar Augustus*) (*ob civis servatos* (Cohen Aug. n. 207); dieselbe befindet sich in der Sammlung des Hrn. Zimmermeisters A. Niess in Braunschweig. Über den Denarfund von Neuhaus an der Oste (bis Marcus) vergl. mein R. M. W. S. 773. Andere Münzfunde aus dem Herzogthum Bremen-Verden verzeichnet Bahrfeldt in den Verhandlungen der Berliner Gesellschaft für Anthropologie, Ethnologie und Urgeschichte 22. Mai 1880 S. 126. Überhaupt hat diese Gesellschaft die Zusammenstellung der im freien Germanien gefundenen Römermünzen in dankenswerther Weise angeregt und es ist zu hoffen, dass ihre Bestrebungen auch auf diesem Gebiet Erfolg haben werden.

Bezirk Aurich.

Silbermünze der Lucilla, gefunden 1872. Müller Zeitschrift des Vereins für Niedersachsen 1882 S. 57.

Hage bei Norden.

Römische Kaisermünze von Bronze, jetzt im Besitz des Seminarlehrers Hrn. Brandes in Aurich. Müller a. a. O.

Leer.

'Eine grosse Menge Denare, wohl zwei Pfund, sind 'etwa 1858 bei Leer in der Ems in einem Gefäss 'gefunden und zum grossen Theil durch einen Osna-'brücker Goldschmied, der schon verstorben, nach 'Osnabrück gebracht und dort verkauft worden. 'Es sind viele Denare von Traian und Hadrian 'dabei gewesen'. Dr. Stüve.

Bingum an der Ems gegenüber Leer.

Bei Bingum fanden sich in einem losen Haufen ohne Gefäss im Klei, wie Grotefend Zeitschrift des hist. Vereins für Niedersachsen 1864 S. 53 berichtet, die folgenden 15 Silber- und 3 Kupfermünzen.

Mommsen-Blacas.		Zahl d. Expl.
n. 37.	*Cn. Calp.*	1
n. 174.	*L. Valeri Flacci*	1
n. 214b.	(s. oben)	1
n. 279.	(s. oben)	1
Cohen méd. cons.		
Plautia 7	(s. oben)	1
Julia 11	(s. oben)	1
Servilia 7	*Caepio Brutus pro cos.*	1

Antonia 39 (s. oben; die Zahl der Legion nicht zu erkennen) 1
Maria 10 *C. Marius Tro* 1

Cohen emp.
Aug. 14. *Caesar imp. VII* (Quinar) 1
Aug. 43. (s. oben) 3
Aug. 114. *imp. Caesar* (Priapusherme) 1
Aug. 117. *imp. Caesar* (pflügende Stiere) . . . 1

Kupfermünzen:
Aug. 445. *P. Lurius Agrippa* 1
Aug. 737. *Caesar* (Altar von Lugdunum); verrieben 2

Friedeburg.

'Im Amte Friedeburg fand sich ein Denar (serratus) 'des L. Porcius, L. Licinius und Cn. Domitius, jetzt 'im Welfenmuseum zu Herrenhausen bei Hannover.' Nach brieflicher Mittheilung der Herren Studienrath Müller und Tewes in Hannover an Menadier.

Lathen an der Ems.

'In der Gegend von Lathen in oder an der Ems fand 'ein Bauer 14 römische Denare, 13 der republi- 'kanischen Zeit (darunter Ti. Claudius, Cn. Gellius, 'C. Mamilius Limetanus, C. Vibius Pansa) und 'einen des Traian. Dieselben befinden sich im Be- 'sitze des Herrn Amtsgerichtsrath Hacke in Bent- 'heim'. Nach brieflichen Mittheilungen der Herren Amtsgerichtsrath Sudendorf zu Neuenhaus, Prorector Hartmann und Oberlehrer Dr. Stüve zu Osnabrück an Menadier.

Sögel am Hümling.

Denare aus der Zeit von Hadrian bis Antoninus. Von Alten a. a. O. S. 18.

Spaan unweit Sögel.

Denarfund 1824, im Hügel zerstreut, angeblich von *Divus Augustus* (?) und *diva Faustina*. Bödiker im Westphälischen Archiv Bd. 2 (1827) S. 176.

Marren (Amt Löningen, Grossherzogthum Oldenburg).

Münze des Decentius, gefunden mit Bronzebildwerk und einem beschriebenen Bronzetäfelchen. Hübner in dem Rheinländ. Jahrbuch 57 (1876) S. 69.

Märschendorf zwischen Quakenbrück und Vechta.

Denar der Sabina. von Alten a. a. O. S. 19.

Amt Bersenbrück.

'Münzen aus der Römer- und der Sachsenzeit besonders im Kirchspiel Ankum.' Wächter a. a. O. S. 114.

Süderweh bei Lengerich (Amt Freeren).

Über den wichtigen hier um das J. 350 in die Erde gelegten Schatz, der theils römische Denare, theils Gold und Silbermünzen des 4. Jahrhunderts enthielt, berichtet Fr. Hahn der Fund von Lengerich (Hannover 1854, 8.); im Auszug in meinem R. M. W. S. 819.

Bramsche.

Goldstück des Augustus. Kopf des Augustus; AVGVSTVS · DIVI · F)(Gaius Caesar reitend; C . CAES . AVGVS · F (Cohen 39), gefunden bei Bramsche, im Besitz von C. L. Grotefend (Rheinländ. Jahrb. 49 J. 1870 S. 180). Dies mag eine der von Kalkriese an Herrn Piesbergen in Bramsche gekommenen Münzen (S. 31) sein.

'In Bramsche soll in den funfziger Jahren ein 'Goldstück des Caracalla gefunden sein'. Briefliche Mittheilung des Hrn. Höfer.

Icker (südöstlich von Engter).

'Einen Aureus des Gratian, der vor etwa zwei 'Jahren von einem Bauer beim Pflügen in der 'Bauerschaft Icker gefunden wurde, habe ich im 'Besitz des Herrn Welp gesehen. Der Bauer hat 'zugleich noch andere römische Silbermünzen ange 'boten, die er gefunden. Sie sind in der Umgegend 'verkauft'. Dr. Stüve.

Stadt und Amt Osnabrück.

'Im Jahre 1840', sagt J. K. Wächter a. a. O. 'S. 110, 'hat Colon Wegmann zu Haltern, Kirch-'spiel Bellm, an der Seite eines grossen Steines, 'der inmitten eines von ihm angelegten Fischteichs 'gelegen eine goldene Münze von Kaiser Honorius' [es ist dies zufolge der von Wächter nach einem Abdruck gegebenen Beschreibung Cohen Honor. 'n. 21 mit ND oder vielmehr MD] und mehrere 'römische Kupfermünzen gefunden. Die goldene 'Münze hat ein Goldarbeiter in Osnabrück acqui-'rirt, die Kupfermünzen sind als Spielzeug der 'Kinder des Finders verloren gegangen. — Rö-'mische Münzen werden häufig gefunden, sogar in 'der Umgegend von Hannover, nirgends aber mehr 'als im Osnabrückischen; ich selber besitze deren 'zwei, die hier gefunden sind, eine von Justinian 'und die andere auch von Honorius'. — Eines Fundes von römischen Goldmünzen aus der Zeit nach Constantin, der einige Jahre zuvor im Osnabrückischen gemacht war, gedenkt Hahn, Fund 'von Lengerich (1854) S. 4. — 'In der Münzsammlung des verstorbenen Geh. Archivraths 'Grotefend zu Hannover befand sich ein Goldsoli-'dus des Kaisers Valens, welcher im Osnabrücki-

'schen gefunden war'. Hartmann in Picks Monatsschrift für Westdeutschland 1880 S. 515.

Wittlage.

'Eine Goldmünze des Kaisers Theodosius I., mit 'TROB bezeichnet, wurde im Jahre 1872 in der 'Nähe des Amtsitzes Wittlage an der Osnabrück-'Mindener Chaussee gefunden. Diese Münze ging 'in meinen Besitz über'. Hartmann in Picks Monatsschrift für Westdeutschland 1880 S. 515.

Krietenstein bei Lintorf.

'In den dreissiger Jahren wurde von dem damali-'gen Pächter der Schäferei des Gutes Krietenstein 'in der Nähe von Lintorf, Amt Wittlage, bei Ur-'barmachung einer Haidefläche ein Topf ausgepflügt 'und zerbrochen, in dem 99 Goldmünzen sich be-'fanden. Dieselben wurden an einen jüdischen 'Händler verkauft. Dem Verfasser gelang es nach 'Verlauf von 30 Jahren das sogenannte Probestück 'von einem Bruder des damaligen Käufers zu er-'halten. Geh. Rath Grotefend erklärte sie für eine 'Goldmünze des Kaisers Valens; sie war in der 'Mitte durchgeschnitten und zeigte eine silberne 'Fütterung mit sehr geschickt aufgelötheten Platten'. Hartmann in Picks Monatsschrift für Westdeutschland 1880 S. 518.

Iburg.

'Der in der Sammlung des Rathsgymnasiums be-'findliche Aureus des Theodosius II (Wellenheim '15821) ist im Jahre 1829 am Urberge bei Iburg 'gefunden, wo seit alter Zeit ein Hauptpass von 'hier nach dem Süden durch den Osning führt. Vor 'Jahren habe ich auch einen dort gefundenen Au-'reus des Magnentius gesehen. Münzen aus der 'späteren Kaiserzeit, der Constantine u. s. w., die 'hier in der Gegend gefunden, sind mir mehrfach 'gezeigt worden'. Stüve an Menadier.

Melle.

'Eine römische Goldmünze und ein Bruchstück 'eines Bronzerades, die in dem Wagenhorst in der 'Nähe der Dietrichsburg nördlich von Melle ge- 'funden worden, will Herr Müller von Sonder- 'mühlen im Besitze seines Vaters, der jene Wald- 'reviere unter seiner Forstadministration hatte, 'gesehen haben. Derselbe hält die Dietrichsburg 'für die alte Teutoburg und hat sich anheischig 'gemacht, die Stelle zu bezeichnen, an welcher er 'einen Fuss unter der Erde alte Steinreliefs ver- 'borgen wisse, ja selbst gesehen habe. — Südlich 'von Melle sollen nach F. Müller (Osnabrücksche 'Erholungsstunden vom 20. Januar 1839) in dem 'Städtchen Borgholzhausen zwei römische Opferge- 'fässe gefunden sein'. Menadier.

Riemsloh (Kreis Melle).

'Der Landgerichtsrath Herm. Struckmann ist im 'Besitze von römischen Goldmünzen, welche vor 'vielen Jahren bei Riemslohe, etwa vier Meilen 'östlich von Osnabrück, gefunden sein sollen.' Nach Mittheilungen des Herrn Droop an Herrn Prorector Hartmann in Osnabrück.

Oeynhausen bei Driburg.

Zwei Aurei des Augustus sind nahe bei Oeynhausen an der Emmer in einem uralten Lehnwald, durch den nie eine Strasse geführt hat, am Fuss des sogenannten Varusberges bei dem Bau der Hannover-Altenbekener Eisenbahn im Juni oder Juli 1873 aufgefunden worden, laut dem Schreiben des Landraths von Metternich in Höxter an den Alterthumsverein in Münster. Die eine dieser Münzen befindet sich jetzt in der Münzsammlung dieses Vereins, die zweite ebendaselbst im Privatbesitz; Abdrücke von beiden, von dem Conservator Hrn. Wippo angefertigt, verdanke ich Hrn. Prof. Milchhöfer. Der eine dieser Aurei ist der auch in Barenau gefundene Cohen Aug. n. 42 (oben S. 22), der andere der unter Bramsche S. 41 beschriebene, Cohen Aug. n. 39.

Haltern am rechten Ufer der Lippe.

Der St. Annaberg bei Haltern trug ein römisches Castell. Über die dort gefundenen Gegenstände berichtet Oberstlieutenant F. W. Schmidt in der Münsterschen Zeitschrift für vaterländische Geschichte und Alterthumskunde, Neue Folge Bd. 10 (1859) S. 259 fg., besonders S. 266. 271. Er war bemüht die dort zum Vorschein gekommenen Münzen zu sammeln und fand, 'dass wohl die Hälfte der hier 'gefundenen Münzen aus Consularmünzen bestehen, 'an welche sich einige Denare von Julius Caesar 'und Marcus Antonius und endlich eine grosse An'zahl Münzen aus Gold, Silber und Erz von Au'gustus anreihen. Unter den noch vorhandenen 'befand sich keine Münze von Tiberius'. — Er erwähnt auch anderer in der Gegend zwischen Wesel und Münster gemachter Funde. Aus Gräbern in der Nähe von Haltern sind Münzen der Norbana, der Tituria und des Augustus zum Vorschein gekommen (Schmidt a. a. O. S. 271); auch fanden sich römische Münzen in Lavezum bei Velen (das. S. 280), in dem Kirchspiel Notteln, darunter Gold (das. S. 280), bei Rhede und Bocholt (S. 314.

315). Man erkennt in diesen freilich sehr ungenügenden Angaben die Rolle, welche die Lippelinie in der ersten Kaiserzeit gespielt hat, ohne dass bis jetzt, abgesehen von Haltern, eine einzelne Localität besonders hervorträte. Anderer Art sind die in der Dörenschlucht zahlreich gefundenen Denare neronischen Fusses (das. S. 296); diese gehören dem späteren Handelsverkehr an.

Meines Erachtens gehören die in und bei Barenau gefundenen Münzen zu dem Nachlass der im Jahre 9 n. Chr. im Venner Moore zu Grunde gegangenen Armee des Varus[1]).

Allerdings muss eingeräumt werden, dass militärische Katastrophen dieser Art regelmässig einen solchen Nachlass nicht ergeben haben noch ergeben können. Das Aufräumen des Schlachtfeldes und insbesondere die Besitznahme des in den Kassen oder bei den Einzelnen vorhandenen baaren Geldes wird in alter wie in neuer

[1]) Ausgesprochen hat eine ähnliche Vermuthung schon im Jahre 1789 J. E. Stüve bei Gelegenheit der Publicationen des oben S. 34 angeführten Goldstücks. Später hat E. M(üller) von Sondermühlen in der Schrift 'Aliso und die Gegend der Hermannsschlacht' (Berlin 1875) die hier aufgestellte Hypothese, jedoch ohne Rücksichtnahme auf die Münzfunde, lediglich nach localen Combinationen vertheidigt. Die Marschrichtung indess ist von ihm entschieden verfehlt und, wenn auch in falscher Beziehung auf eine andere Expedition, von Hartmann und nach diesem von Höfer richtiger dargestellt worden. Müller führt den Varus von Varenholz an der Weser die Werra und die Else hinauf bis gegen Melle und von da nach Engter und Venne, während er höchst wahrscheinlich, wie weiterhin gezeigt werden soll, von Minden aus an den Ort der Katastrophe gelangte.

Zeit in der Regel mit solcher Energie betrieben, dass späteren Geschlechtern hier nicht viel zu finden bleibt. Aber die Katastrophe des Varus hat wohl eine Ausnahme machen können. Abgesehen davon, dass bei den Kämpfen während der ersten Marschtage, bei dem vergeblichen Versuch der Reiterei unter Preisgebung des Fussvolks nach dem Rhein zu entkommen, bei der durch das Entkommen einzelner Leute[1]) angezeigten Auflösung des Gros die Katastrophe sich über ein weites Terrain erstreckt haben muss und hier mancher Römer umgekommen sein wird, dessen Leiche nicht vom Feind gefunden ward, vollzog sich die Schlusskatastrophe in einem moorigen, von einer schmalen Heerstrasse durchschnittenen Terrain. Wie der eine der drei Adler dadurch gerettet worden sein soll, dass der Träger ihn von der Stange riss und, obwohl verwundet, sich im Moore mit ihm verbarg[2]), so haben vermuthlich eine Anzahl anderer Offiziere und Soldaten ähnliche Zufluchtstätten aufgesucht und darin den Tod gefunden. Dass unter diesen Umständen mancher wohlgefüllte Geldgürtel den Siegern entging, ist den Verhältnissen angemessen[3]).

---

[1]) Tacitus ann. I, 61: *cladis eius superstites, pugnam aut vincula elapsi.*

[2]) Florus a. a. O.: *tertiam (aquilam) signifer . . . evolsit mersamque inter baltei sui latebras gerens in cruenta palude sic latuit.* Nach Dio 60, 8 freilich fiel auch dieser Adler in die Hände des Feindes. Vgl. unten S. 64.

[3]) Von anderen Werthgegenständen, die das Heer mit sich führte, gilt dies nicht in dem gleichen Grade; das Bronzegeräth zum Beispiel muss in grösserer Vollständigkeit in den Besitz der Sieger gerathen sein als das Geld. Beiläufig mag hier erwähnt werden, dass, nach Mittheilung des Hrn. Pastor Kassmann zu Ostercappeln an Menadier, vor längerer Zeit am Rande eines bisher unberührten künstlichen Hügels am Walde oberhalb Ostercappeln auf dem Gebiete des Gutes

Wie Kupfermünzen überhaupt regelmässig ausserhalb der Reichsgrenze nicht gefunden werden[1]), so sind auch hier nur wenige derselben zum Vorschein gekommen; die Sammlung in Barenau — sonst ist von Kupfermünzen aus dieser Gegend überhaupt nichts bekannt — enthält unter 226 Stücken nur 12 kupferne, wovon eigentlich nur eines füglich zum Nachlass des Varusheeres gehört haben hann. Da mancherlei Zufälligkeiten bei dem Zusammenkommen der Barenauer Münzen mitgewirkt haben werden und der Fundort gerade in dem Venner Moore keineswegs, wie schon bemerkt wurde, für jedes einzelne Stück gesichert ist, wird aus diesen überall nicht argumentirt werden dürfen. Eher könnte die Frage aufgeworfen werden, ob nicht bei dem hier angenommenen Sachverhalt vielmehr die Seltenheit der Kupfermünzen befremdet. Indess diese erklärt sich recht wohl. Die Soldaten und Offiziere trugen überhaupt, und namentlich bei einem Marsch in Feindesland, Münzen bei sich nicht für den täglichen Lebensbedarf, der ihnen anderweitig zukam, sondern als Sparpfennig für besondere Gelegenheiten, und also nur Gold oder Silber. Auch verbot schon das Gewicht des römischen Kupfergeldes namentlich in dieser Epoche, dasselbe in dieser Weise auf Märschen im Gürtel zu führen[2]).

Krebsburg bronzenes Pferdegeschirr, wahrscheinlich römischen Ursprungs, ausgepflügt worden ist. Indess ist bei dem verhältnissmässig häufigen Vorkommen von römischem Bronzegeschirr in diesen Gegenden, das in der späteren Kaiserzeit als Handelsartikel zu den Germanen ging, darauf nicht viel Gewicht zu legen.

[1]) In der Gegend von Thiedenwiese (bei Hannover auf der Strasse nach Göttingen) fanden sich nach Wächter a. a. O. S. 172, der die Münzen selbst besass, in einer bleiernen Kapsel zwei Bronzemünzen.

[2]) Vita Pescennii 10: *iussit ne zona milites ad bellum ituri aureos vel argenteos nummos portarent, sed publice commendarent* (vergl. Marquardt

Dass Goldmünzen, wie Tacitus sagt[1]), in der früheren Kaiserzeit wenig bei den freien Germanen umliefen, haben die Funde vollständig bestätigt; so häufig die Goldmünzen der constantinischen und der späteren Prägung sich in deren Gebiet finden, so ausserordentlich selten begegnet hier das ältere Kaisergold[2]). Die Goldfunde im Venner Moore sind eine numismatisch schlechthin einzig dastehende Thatsache, welche einen ausserordentlichen Vorgang als Erklärungsgrund fordert. Sechs einzelne Stücke sind durch gute Fundnotizen hier beglaubigt[3]); von einer Anzahl ähnlicher

---

St. V. 2² S. 563 und dazu Sueton Dom. 8), *recepturi post proelia quod dederant . . . ne ad hostes aliquid praedae perveniret, si quid forte adversi accidisset.* Petronius c. 83: *qui pugnas et castra petit, praecingitur auro.* Die Worte des Titus bei Josephus bell. 5, 13, 5: *εἰ . . . μήδε τὰ ὅπλα σφῶν αὐτῶν αἰδούμενοι πεποιημένα ἐξ ἀργύρου τε καὶ χρυσοῦ* sind in der alten lateinischen Übersetzung also erweitert: *quod auro succincti et argento pretiosisque telis nitentes nec arma sua erubescerent.*

1) Germ. 5: *argentum magis quam aurum sequuntur, nulla affectione animi, sed quia numerus argenteorum facilior usui est promiscua ac vilia mercantibus.*

2) In meinem römischen Münzwesen S. 767 sind nur zwei Funde dieser Art aufgeführt, die beiden durch Grotefend bekannt gewordenen Aurei von Venne (S. 34) und ein Fund von sechs Goldstücken (3 Tiberius, 1 Claudius, 2 Nero, eines aus dem J. 60 frisch) von Tensfelder Au bei Bornhövd in Holstein (Antiquarisk Tidskrift, Kopenhagen 1846. S. 49.) Die augustischen Aurei von Oeynhausen und Haltern sind S. 44. 45 aufgeführt. Ein Aureus des Augustus hat sich unweit Braunschweig gefunden (S. 38 A.); zwei des Nero (Cohen n. 118. 313) bei Imbshausen (unweit Northeim gegen Seesen) nach J. Ph. Rüling Beschreibung der Stadt Northeim (Göttingen 1779) S. 326. Fr. von Alten, der in der S. 67 A. 2 angeführten Schrift die Münzfunde an den Bohlwegen in Holland, Hannover und Oldenburg verzeichnet, und Hartmann in der S. 65 A. 5 angeführten Zusammenstellung der Osnabrücker Münzfunde führen nur Goldmünzen aus dem 4. Jahrhundert auf.

3) Es sind dies der Aureus mit *signis receptis* ehemals in Barenau,

Funde liegen vage Nachrichten vor; die Benennung eines Ackers 'die Goldstücke' in der unmittelbaren Nähe vom Barenauer Moor ist etwas mehr werth als die beliebten patriotischen Etymologien derjenigen Ortschaften, die den zweifelhaften Vorzug haben auf Varus oder Teutoburg oder auf Kriegswörter anzuklingen. Alle diese Münzen sind unter Augustus geprägt, drei von den fünf genauer bekannten etwa ein Decennium vor der Varusschlacht[1]); die Erhaltung des einen von Hrn. Menadier gesehenen Exemplars ist gut und weist auf kurze Umlaufszeit. Dies allein ist entscheidend.

Die Silbermünzen zeigen einen etwas verschiedenen Befund. Genauere Fundnotizen haben wir dafür nur vereinzelt, da diese relativ häufig begegnen und weniger Aufmerksamkeit erwecken. Die in Barenau bewahrten Münzen, von denen die grosse Mehrzahl nach sicheren Zeugnissen wie nach der Evidenz der Thatsachen im Venner Moor und der Umgegend gefunden ist, zerfallen in zwei durchaus verschiedene Theile. Von den 213 Silbermünzen sind 181 Denare der späteren Republik und der augustischen Zeit, 32 Denare des neronischen Fusses, beginnend mit Pius und hinabreichend bis in das vierte Jahrhundert[2]). Die

---

der mit *C. L. Caesares* in drei Exemplaren zu Langelage, bei Sudendorf in Neuenhaus und zu Barenau, der des L. Aquillius Florus bei Sudendorf in Hannover und der Ehrentrautsche unbekannten Gepräges.

[1]) Die jüngste und zugleich in Barenau am stärksten in beiden Metallen vertretene Münze ist die mit den Bildern des Gaius und Lucius, geschlagen nach der Designation des Lucius zum Consulat und vor Gaius Antritt desselben Amtes, also 752 oder 753 der Stadt, vor Chr. 2 oder 1 (mon. Ancyr. p. 53.)

[2]) Mösers Angabe, dass er in Barenau nur vor dem J. 16 n. Chr. geprägte Münzen gesehen habe, ist auf keinen Fall genau richtig,

erstere und grössere Masse reicht der Zeit nach genau so weit wie die Goldmünzen, das heisst der jüngste und von allen am zahlreichsten vertretene Denar ist etwa zehn Jahre vor der Varusschlacht geprägt. Beide Massen sind also getrennt durch einen Zwischenraum von anderthalb Jahrhunderten, aus welchem Silbermünzen in Barenau nicht vorliegen. Die beiden Massen scheiden sich aber nicht blos durch die Zeit und die Zahl, sondern auch durch die Erhaltung und durch ihr Verhältniss zu den übrigen Funden der Gegend. Von der ersteren Masse sind besonders die augustischen gut conservirt und zum Theil in zahlreichen Exemplaren vorhanden; sie besteht ausschliesslich aus den in der späteren Hälfte der Regierung des Augustus gangbaren Sorten[1]) und macht durchaus den Eindruck, als wären diese Stücke alle gleichzeitig gegen das Ende der Regierung des Augustus in die Erde gekommen. Die andere kleinere Partie zeigt ungleiche, meistens starke Vernutzung und gehört sehr verschiedenen Zeiten an, so dass diese Münzen umgekehrt unmöglich gleichzeitig in Umlauf gewesen und zugleich in die Erde gekommen sein können. Bei der Ungleichartigkeit, der Gewöhnlichkeit und der geringen Zahl dieser jüngeren Münzen kann, zumal nachdem die Fortlagesche Notiz (S. 29) dem früher nur im Allgemeinen bestehenden Bedenken der Einmischung

---

denn schon Goeze spricht von Münzen des Tiberius und meint damit wahrscheinlich die einzige noch jetzt in Barenau vorhandene Tiberiusmünze vom J. 22.

[1]) Charakteristisch dafür ist besonders die verhältnissmässig sehr grosse Zahl der Legionsdenare des Antonius; diese, aus schlechtem Metall gemünzt, hielten sich bekanntlich viel länger im Umlauf als die vollwichtig geprägten und zum Einschmelzen geeigneten Sorten (R. M. W. S. 757. 759.).

von Münzen nicht örtlichen Fundes in die Barenauer Sammlung einigen Rückhalt gegeben hat, die Beweiskraft dieses Theils der Sammlung für den Münzbefund der Gegend von Osnabrück angefochten worden. Indess steht diesem Zweifel entgegen, dass diese spätere und kleinere Partie der Barenauer Münzen den sonstigen Funden aus dieser Gegend, wie sie S. 38 fg. zusammengestellt sind, vollständig gleichartig ist; ich halte es darum für wahrscheinlich, dass auch von diesen die meisten aus der Umgegend stammen, wenn auch nicht gerade aus dem Barenauer Moor, und dass sie zusammenhängen mit dem Handelsverkehr der späteren Kaiserzeit, welcher diese alte Verkehrsstrasse vielfach benutzt haben wird. Es herrscht hier im Silber beinahe ausschliesslich das der mittleren Kaiserzeit; da aber dieses in Germanien viel länger als im römischen Reich im Umlauf blieb und neben dem römischen Goldgeld der constantinischen Währung circulirte[1]), so scheint der römisch-germanische Verkehr, den diese Münzen bezeugen, überwiegend dem dritten und mehr noch dem vierten Jahrhundert anzugehören. — Dagegen werden Silbermünzen des älteren vorneronischen Fusses überall in Germanien nicht eben häufig angetroffen; die oben gegebene Zusammenstellung, vorläufig wie sie ist, zeigt doch schon hinreichend die Seltenheit solcher Funde in dem Gebiete zwischen der Ems und der Weser[4]). Überhaupt dürfte

[1]) Mein R. M. M. S. 774. 818. Die bei Gräpel an der Oste gefundenen Denare (bei Bahrfeldt in dem S. 38 A. angeführten Bericht) gingen hinab bis auf Commodus, aber auch dessen Denare waren sehr stark vernutzt; also ist der Schatz beträchtlich später vergraben zu einer Zeit, wo das nachseverische erheblich schlechtere Silbergeld (mein R. M. M. S. 757. 826) in Germanien nicht genommen ward.

[4]) Dasselbe gilt von dem östlich der Weser gelegenen Gebiete;

ausserhalb der römischen Grenzen kaum eine zweite Stätte gefunden werden, welche das augustische Courant nicht als einheitlichen Schatz, sondern verstreut, in gleicher Weise und in gleicher Masse lieferte; es ist, eben wie im Gold, eine ausserordentliche Thatsache, dass die Hauptmasse der Silbermünzen des Venner Moores dem Courantgeld der späteren augustischen Periode angehört. Leugnen zu wollen, wie dies verdriessliche Ortsgelehrte versucht haben, dass die dahin gehörigen sechs Siebentel der Barenauer Münzen, vielleicht mit verschwindenden Ausnahmen, örtlichen Funden entstammen, ist zugleich eine dreiste Ignorirung evident festgestellter Thatsachen und eine nicht blos numismatische Albernheit; man wird doch nicht annehmen können, dass die Adelsfamilie, welche diesen Schatz bewahrt hat, an der erblichen Idiosynkrasie leidet eben nur augustisches Courant gleicher Patinirung und vorwiegend Doubletten zusammenzukaufen. Es kommt hinzu, dass, auch von der Barenauer Sammlung abgesehen, eine erdrückende Zahl anderer Fundangaben zu genau demselben Ergebniss führt. Sind nun aber diese Münzmassen in der dortigen Gegend aus dem Boden gezogen, so können sie ihrer ganzen Beschaffenheit nach nicht auf stetigen Zwischenverkehr zurückgeführt werden, während ausser der Verschiedenheit der Metalle vor allem das zerstreute Vorkommen der Münzen wiederum verbietet an einen durch irgend welchen unberechenbaren Einzelfall gerade hier in die Erde gelegten Schatz zu denken. In der That haben

---

das römische Silbergeld, das dort gar nicht selten sich findet, ist fast ohne Ausnahme neronischen Fusses. Dies bestätigen die S. 38 A. angeführten Fundnachrichten; ich kann hinzufügen, dass, nach einer Mittheilung des Hrn. Wegener in Braunschweig an Menadier, das dortige Museum keinen vor Traian geprägten Denar örtlichen Fundes besitzt.

alle diejenigen, die mit offenen Augen aus der Nähe von diesen Funden Kenntniss genommen haben, wie Justus Möser, Stüve, Hartmann, darin den Nachlass einer geschlagenen und theilweise oder völlig zu Grunde gerichteten Armee erkannt. Seltsamer Weise haben aber die Gelehrten, welche der Localmeinung die Richtung gegeben haben, seit Jahrhunderten die richtige Wahrnehmung auf eine Armee bezogen, die eben nicht zu Grunde ging und von deren Nachlass also überall nicht gesprochen werden darf. Wäre es möglich, was es nicht ist, den Bericht über den letzten Feldzug des Germanicus in die Osnabrücker Gegend zu verlegen, so wäre das numismatische Problem dadurch in keiner Weise gelöst, vielmehr dann erst recht unbegreiflich. Aber während sie über die hier wie immer unklare taciteische Erzählung controvertiren, scheinen die Vertheidiger dieser Ansicht die Umwandlung einer Armee, die wenige Monate später im Triumph in Rom einzog, in eine vernichtete als ihr gutes angeborenes Recht zu betrachten, für das Beweise beizubringen nicht nöthig und über welches überhaupt genau nachzudenken wenig patriotisch ist. Wie Varus im Westphälischen oder im Lippischen, so geht Germanicus im Osnabrückischen um, und beide scheinen in den Köpfen der Einheimischen so fest angesiedelt zu sein wie der heilige Antonius in Padua.

Darf es hienach als thatsächlich erwiesen gelten, dass die Armee des Varus in dem 'grossen Moor' nördlich von Osnabrück ihren Untergang fand, so vereinigt diese Localität weiter alle diejenigen Bedingungen, welche nach den Berichten der Alten für das Schlachtfeld gefordert werden. Zur Veranschaulichung gebe ich eine vorläufige von Hrn. Menadier unter Hrn. Kieperts Leitung aufgestellte Skizze der Gegend.

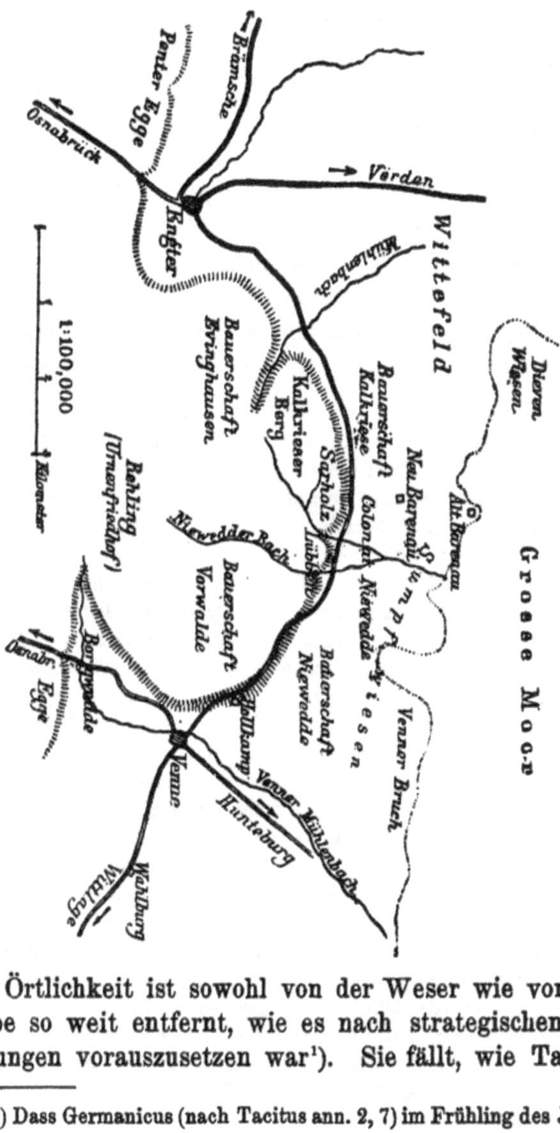

Die Örtlichkeit ist sowohl von der Weser wie von der Lippe so weit entfernt, wie es nach strategischen Erwägungen vorauszusetzen war[1]). Sie fällt, wie Tacitus

[1]) Dass Germanicus (nach Tacitus ann. 2, 7) im Frühling des Jahres

angiebt, in das Gebiet nordwärts der Lippe und östlich von der Ems. Der Teutoburger Wald ist also nicht der nördlich die Münstersche Ebene begrenzende Osning, wie bis jetzt angenommen worden ist, sondern die parallel damit nördlich sich erstreckende schmale, oben oft felsige, noch jetzt stark bewaldete Bergkette, welche gegenüber der Porta Westphalica mit der steilen 726 Fuss sich erhebenden Margaretha-Clus beginnt und unter dem Namen der Mindenschen Bergkette, des Wiehengebirges, der Lübbeschen Berge, der Osterberge, des Süntels bis nach Bramsche an der Hase sich erstreckt.

---

16 während des Baus der Flotte, auf welche der Plan für diesen Feldzug gestellt war, mit sechs Legionen gegen die Chatten marschirte, die Aliso belagerten, und nach Entsatz dieses Castells den von den Germanen zerstörten Altar des Drusus wieder herstellte, aber von der Wiederherstellung des ebenfalls zerstörten im Jahre zuvor auf dem varianischen Schlachtfeld errichteten Monuments absah, hat man wohl benutzt, um dieses als von Aliso nicht allzu weit entfernt zu erweisen. Auch folgt allerdings aus dieser Stelle, dass diese beiden Örtlichkeiten nach der Verscheuchung der Chatten militärisch in der Hand der bei Aliso stehenden Römer gewesen sein müssen und dieselben, wenn sie wollten, dorthin detachiren konnten. Dies ist aber auch mit der Ansetzung des Varusschlachtfeldes bei Barenau durchaus vereinbar; wenn sechs Legionen bei Aliso standen, so beherrschten sie in dieser Stellung nothwendig das Gebiet der oberen Ems. Auf unmittelbare Nachbarschaft aber deutet nichts; ja der Bericht spricht eher dagegen. Wo der 'alte Drususaltar', wahrscheinlich ein an dem Sterbeplatz errichtetes Kenotaphium, zu suchen ist, wissen wir nicht, vielleicht in der Wesergegend (meine R. G. 5, 27); wenn dieser wieder hergestellt ward, nicht aber das Varusdenkmal, so mag wohl eben die grössere Entfernung diesen Entschluss herbeigeführt haben; wenigstens ist kein anderer Grund der verschiedenen Behandlung beider Monumente ersichtlich. Die Voraussetzung, dass die abermalige Zerstörung nicht ausbleiben werde, traf auf beide Denkmäler gleichmässig zu und kann auch insofern für Germanicus nicht bestimmend gewesen sein, als er damals ohne Zweifel noch hoffte Germanien zur römischen Provinz zu machen.

Die Venner Gegend bietet die Vereinigung von Bergen und Mooren, die die Berichte fordern. Dass hier marschirende Truppen Bohlwege zu schlagen hatten, liegt nahe [1]); und noch näher, dass die schliessliche Katastrophe hier herbeigeführt ward durch die Einkeilung der Armee zwischen Bergen einer- und Mooren andererseits. Vor allem aber entspricht die Örtlichkeit den natürlichen Communicationsverhältnissen. Unter den gegebenen Bedingungen, dass der Marsch von der mittleren Weser ausgeht und nicht die Richtung über den Lauf der Lippe einschlägt, aber als letztes Ziel den unteren Rhein im Auge behält, können bei der eigenthümlichen, durch die ausgedehnten und jeder künstlichen Überbrückung spottenden Moore bedingten Beschaffenheit des fraglichen Terrains nur zwei [2]) alte von der Weser

[1]) 'Reste einer solchen Römerstrasse', bemerkt Hr. Menadier, 'sind in grosser Nähe von Barenau nördlich desselben in der Mitte 'zwischen Vörden und Lemförde in der Richtung von Westen nach Osten gefunden worden.' Auch Hartmann (Wanderungen durch das Wiehengebirge 1876 S. 74) sagt: 'Man hat in neuerer Zeit in den 'Mooren an der Oldenburg-Diepholzschen Grenze Dämme entdeckt, 'welche diese durchlängen, also nicht im Interesse der Anwohner an- 'gelegt sein können, und ganz der Construction der *pontes longi* ent- 'sprechen.' Natürlich kann in dieser ohne Zweifel öfter von römischen Heeren betretenen Gegend die Identität einer einzelnen Anlage der Art mit denen des Varus oder des Germanicus nicht erwiesen werden.

[2]) Die Linie südlich vom Wiehengebirge und nördlich vom Osning, in welcher jetzt von Rehme an der Weser das Werra- und Elsethal hinauf und von da an der Hase nach Osnabrück die Eisenbahn läuft, ist für diese Epoche ausgeschlossen, wie nach dem Augenschein Müller von Sondermühlen a. a. O. S. 96 und Höfer a. a. O. S. 88 bezeugen. Das Thal der Else in ihrem ganzen obern Lauf und das der Hase bis nach Osnabrück sind durch die umgebenden Brüche und Sümpfe noch heutzutage kaum betretbar. Die Else hat von ihrer Quelle bis zur Werra nur 88 Fuss Fall. Auch die Natur-

westwärts führende Communicationslinien in Betracht kommen[1]). Die eine geht von der Weser ab bei der Furt von Sebbenhausen unterhalb Nienburg, dann auf dem schon im 8. Jahrh. erwähnten 'Volkweg' an die Hunte bei Büren und von da über die Kloppenburger Geest und den Rücken des Hümling an die Ems bei Landegg, wo sie am andern Ufer in den Resten der *pontes longi* sich fortsetzt[2]). Die zweite Strasse verlässt die Weser bei Minden, geht über Lübbeke, Preussisch Oldendorf, Wittlage nach Bramsche an die Hase, von wo dann die Ems auf verschiedenen Wegen erreicht werden kann. Dieser Weg hält sich am Fuss der genannten Bergkette, welche 'von der Weser bis zur Hase wie eine lange Mauer' fast geradlinig sich hinzieht 'und einem Heer den Weg 'zu zeigen scheint'. Nördlich ist dieser Weg selbst jetzt noch, trotz starker Entwässerung, in seiner ganzen Ausdehnung von Brüchen und Mooren begrenzt. Den Weg selber bildet 'ein bald engerer, bald breiterer 'Streifen festen Diluvialbodens, ganz geeignet für eine 'Völkerstrasse, in früherer Zeit auch als solche benutzt'.

---

merkwürdigkeit der Gabelung der Else- und der Hasequellen steht damit im Zusammenhang.

[1]) Die folgende Auseinandersetzung ist hauptsächlich nach Höfer a. a. O. S. 28 fg. 70 fg. gegeben, der nach dem ortskundigen Hartmann und nach eigener Anschauung diese Örtlichkeiten schildert. Die meines Erachtens unrichtige Beziehung dieser Darstellung auf den Feldzug des Germanicus statt auf den des Varus thut ihr selbst keinen Abbruch.

[2]) Dass diese Strasse, wenigstens ihr westlicher Theil den Römern wohlbekannt war, beweisen die zu beiden Seiten der Ems gefundenen durch das Moor gelegten Römerbrücken. Von Alten a. a. O. S. 17 macht ausserdem mit Recht darauf aufmerksam, dass die Ems wenig oberhalb Landegg an drei Stellen, bei Haren, Brok und Rahmühlen, furtbar ist.

Insonderheit bei dem Gute Barenau, zwischen Venne und Engter, wo der Kalkrieser Berg in einem Dreieck nach Norden vorspringt, verengt sich der Weg zwischen diesem und dem Moore so, dass ein förmlicher Engpass entsteht; die militärische Bedeutung dieser Position hat schon Justus Möser mit richtigem Blick erkannt. Da die Überlieferung weder das Marschziel des Varus nennt noch uns Aufschluss giebt, auf welche Weise er von dort den Rhein zu erreichen gedachte, so kann nicht von vornherein die erste Marschlinie von Nienburg zur Ems als ausgeschlossen gelten; aber unzweifelhaft entspricht die zweite von Minden nach Bramsche allen geforderten Bedingungen, und es ist ein Beweis für Arminius militärisches Geschick, dass er die römische Armee eben in dieses gefährliche Defilé zu bringen gewusst hat, dessen Gleichen selbst in diesem schwierigen Terrain kaum gefunden werden wird.

Wenn also die durch die Überlieferung gestellten Bedingungen in genügender Weise erfüllt sind, so gewinnt auch das wenige Detail, welches jene uns liefert, durch die Feststellung der Localität Verständlichkeit und Aufschluss. Dass die Armee nach dem Ausbruch des Aufstandes noch zweimal Lager geschlagen hat und erst nach dem Aufbruch aus dem zweiten Lager, also am dritten Tage nach Beginn des Kampfes auf freiem Felde unterlag, wird den Berichten entnommen werden dürfen[1]). Nach der früher (S. 11)

[5]) Nach Tacitus ann. 1, 61 findet Germanicus zuerst ein für drei Legionen ordnungsmässig hergestelltes Lager (*prima Vari castra lato ambitu et dimensis principiis trium legionum manus ostentabant*), dann ein kleineres und ungenügend geschlagenes (*dein semiruto vallo, humili fossa accisae iam reliquiae consedisse intellegebantur*), endlich auf freiem Felde (*medio campi*) das eigentliche Todtenfeld, bedeckt mit Waffen-

gegebenen Auseinandersetzung scheint Varus bis zu dem Angriff den Vormarsch fortgesetzt, dann aber, als dieser erfolgt war, sofort die Rückzugsrichtung eingeschlagen zu haben. Also erfolgte der Angriff zwei bis drei Tagemärsche vorwärts von Barenau, welches als der eigentliche Ort der Katastrophe anzusehen sein wird. Freilich wurden diese Märsche, so sehr die Römer Ursache hatten sie zu forciren, durch die stetigen Gefechte, vielleicht auch durch Brückenschlagen, so sehr verzögert, dass die ordnungsmässigen 20 Milien = 4 Meilen für den Tag sicher bei weitem nicht erreicht wurden. Danach wären die Lager der beiden ersten Kampftage westwärts oder nordwärts Barenau zu suchen, das erste auf einem Hügel weiter entfernt, das zweite in der Ebene in grösserer Nähe. Die natürliche Strasse führt, wie gesagt, von dort nach Engter und Bramsche; war Varus auf dieser vorgegangen und ging dann auf derselben zurück, so müssen die Deutschen von der

---

resten und den Gebeinen von Menschen und Pferden. Auch bei Dio 56, 21 ist die Rede zuerst von einem Lager auf einer waldigen Anhöhe (*ἐν ὄρει ὑλώδει*), wo das Gepäck und die Wagen theils verbrannt, theils zurückgelassen werden; am Tage darauf (*τῇ ὑστεραίᾳ*) wird ein Lager im Blachfeld (*ὥστε καὶ ἐς ψιλόν τι χωρίον προχωρῆσαι*) geschlagen; von da aufbrechend (*ἐντεῦθεν ἄραντες*) gelangen die Römer in ein Defilé (*στενοχωρία*) und leiden schwere Verluste (*πολλὰ μὲν περὶ ἀλλήλοις, πολλὰ δὲ καὶ περὶ τοῖς δένδροις ἐσφάλλοντο*): *τότε γὰρ ἡμέρα πορευομένοις σφίσιν ἐγένετο*, heisst es in den Handschriften, offenbar sinnlos. Die Correctur von Reiske *τρίτη γὰρ* hat grosse Wahrscheinlichkeit und scheint auch zu genügen (*τρίτη τ' ἄρ'* Bekker, *τετάρτη τε* Dindorf), da der durch drei Tage unter solchen Verhältnissen fortgesetzte Marsch wohl bezeichnet werden kann als die Bedrängniss steigernd. Von weiterer Rast spricht Dio nicht und scheint auch nach ihm dieser Kampftag der letzte zu sein und das Heer auf freiem Felde, ohne zum Lagerschlagen zu kommen, geendigt zu haben.

Hase her den Römern entgegengetreten sein. Indess könnte die Armee auch durch das tiefe Moor gegen die Hügel von Damme vorgegangen und von da auf Barenau zurückgedrängt worden sein, falls die Moorbrücken es möglich machten diese Richtung einzuhalten. Hierüber kann, wenn überhaupt, nur der Augenschein eines kundigen Militärs entscheiden. Dass die Reiterei von dem Ort der Katastrophe nach dem Rhein durchzubrechen versuchte, ist unter beiden Voraussetzungen begreiflich.

Wenn kleinere, aber auf dieselbe Epoche hinführende Münzfunde anderswo im westlichen Deutschland zum Vorschein kommen, so liegt es nahe diese darauf zu beziehen, dass nach der Katastrophe des Varus alle römischen Posten auf dem rechten Rheinufer von den Germanen überwältigt wurden und es nur der Besatzung von Aliso und auch ihr nur mit schweren Verlusten gelang sich durchzuschlagen (S. 3 A. 2). Die in Bingum gegenüber Leer an der Ems gefundenen Münzen aus augustischer Zeit (S. 39) so wie die bei Driburg unweit Paderborn (S. 44) und bei Haltern (S. 45) gefundenen, welche auf dieselbe Epoche führen, mögen auf diese Weise in die Erde gekommen sein[1]. Frei-

[1]) Für das Castell Haltern hat einer der einsichtigsten Männer, die auf diesem Gebiet gearbeitet haben, F. W. Schmidt aus dem Stand der Ruinen den gleichen Schluss gezogen (a. a. O. S. 268): 'Die grosse An- 'zahl der in dem Lager gefundenen Waffen u. s. w. lässt mit Grund ver- 'muthen, dass dasselbe . . . mit Sturm erobert und die Besatzung 'niedergemacht worden ist. Der Einbruch scheint von Norden her 'durch die porta principalis sinistra erfolgt zu sein, da hier die 'Waffen haufenweise beisammen liegend gefunden wurden; vielleicht 'drängte auch die Besatzung gegen jenes Thor hin, um sich zu 'retten. Die aufgefundenen Münzen setzen die Eroberung gegen das 'Ende der Regierung Augusts, und welches bekannte historische

lich kann dergleichen vereinzelte Funde auch der blosse Zufall herbeigeführt haben, und würde es gleich verkehrt sein an jedes einzelne Geldstück historische Combinationen zu knüpfen und eine so auffällige Erscheinung, wie die ständigen Münzfunde bei Barenau es sind, als Spiel des Zufalls bei Seite zu schieben.

Anhangsweise mögen hier noch zwei Epigramme[1]) eines griechischen Dichters Platz finden, des Krinagoras von Mytilene auf Lesbos, welcher unter Augustus[2]) und

'Ereigniss könnte dieselbe herbeigeführt haben als . . . die Schlacht 'im Teutoburger Walde? . . . Dass das Lager später nicht wieder be'setzt worden ist, selbst nicht während der Heereszüge des Germani'cus, . . . dafür sprechen die in demselben gefundenen Dinge und die 'Art, wie dieselben zerstreut umher lagen, so wie der gänzliche 'Mangel an Münzen von Tiberius.' Auf das letzte Argument möchte ich nicht allzu viel Gewicht legen (S 13 A. 1); aber das erste ist entscheidend, denn die von Germanicus erneuerten Castelle an der Lippe wurden nicht erstürmt, sondern wahrscheinlich freiwillig geräumt.

[1]) Anth. Graec. VII, 741. IX, 291. In dem zweiten Epigramm habe ich nach einem Vorschlag von Wilamowitz *διεραῖς* geschrieben statt des überlieferten *ἱεραί*.

[2]) Der Zeit nach sicher sind namentlich das Gedicht Anth. VI, 161 auf die Heimkehr des Sohnes der Octavia, des Gaius Marcellus († 731) aus dem spanischen Feldzug etwa im J. 729 d. St., 25 vor Chr.; ferner VI, 244 die Fürbitte für die glückliche Entbindung der Tochter der Octavia, geschrieben vor Octavias Tode 743 d. St., 11 vor Chr.; endlich das Gedicht VII, 741, zur Feier der Thaten des Germanicus am Rhein, geschrieben frühestens 764 d. St., 11 n. Chr Die merkwürdigen das julische Korinth scharf verurtheilenden Verse IX, 224 können nicht vor 710 d. St., 44 v. Chr. und schwerlich nach der Schlacht bei Philippi Ende 712 d. St., 42 v. Chr. verfasst sein. Danach scheint Krinagoras ein zwiefacher Gesinnungsgenosse des Horatius gewesen zu sein und seine poetische Thätigkeit sich durch die ganze Epoche des augustischen Regiments erstreckt zu haben.

vorzugsweise in Rom lebte und mit dessen Schwester Octavia sowie deren Kindern und Enkeln in näheren Beziehungen stand.

Ὀθρυάδην Σπάρτης τὸ μέγα κλέος ἢ Κυνέγειρον
ναύμαχον ἢ πάντων ἔργα κάλει πολέμων·
Ἄρεος αἰχμητὴς Ἰταλὸς παρὰ χεύμασι Ῥήνου
κλινθεὶς ἐκ πολλῶν ἡμιθανὴς βελέων
αἰετὸν ἁρπασθέντα φίλου στρατοῦ ὡς ἴδ' ὑπ' ἐχθροῖς,
αὖτις ἀρηϊφάτων ἄνθορεν ἐκ νεκύων·
κτείνας δ' ὅς σφ' ἐκόμιζεν ἑοῖς ἀνεσώσατο ταγοῖς,
μοῦνος ἀήττητον δεξάμενος θανατόν.

Spartas herrliche Söhne und Salamis mächtige Streiter,
Alle die Tapfersten rings rufen wir kühn zum Vergleich.
Als am Gestade des Rheins jüngsthin ein italischer Kriegsmann,
Niedergesunken im Streit, blutend von manchem Geschoss,
Sah von den Feinden gefasst den Adler des eigenen Heeres,
Sprang von dem Schlachtfeld er unter den Leichen empor,
Streckte zu Boden den Träger und brachte den Adler den Führern:
Einzig er fand so unüberwundenen Tod.

Οὔδ' ἢν Ὠκεανὸς πᾶσαν πλήμμυραν ἐγείρῃ,
οὔδ' ἢν Γερμανίη Ῥῆνον ἅπαντ' ἐφίῃ,
Ρώμης οὐδ' ὅσσον βλάψει σθένος, ἄχρι κε μίμνῃ
δεξιὰ σημαίνειν Καίσαρι θαρσαλέη·
οὕτω καὶ διεραῖς Ζηνὸς δρύες ἔμπεδα ῥίζαις
ἑστᾶσιν, φύλλων δ' αὖα χέουσ' ἄνεμοι.

Nicht wenn brandend heran das Meer wälzt all seine Wogen,
Nicht wenn Germanien schickt her uns den völligen Rhein,
Beugt sich Romas Kraft, so lang an dem rechten Regierer
Caesar muthig sie hält, treu in bewährtem Vertraun.
Also ruhn Zeus Eichen auf festen lebendigen Wurzeln,
Wenn die Winde davon führen das welkende Laub.

Wie alle übrigen Gedichte dieses Poeten müssen auch diese aus der unmittelbaren Gegenwart entsprungen sein; und es wird im ganzen Verlauf der augustischen Periode für das eine wie für das andere kein anderer Anknüpfungspunkt zu finden sein als die varianische Katastrophe. Dass in dieser ein verwundeter Soldat einen Adler rettete, das heisst, ihn dem Commandanten des Rheinlagers ablieferte, ist überliefert. Ob die näheren Umstände dieser Rettung, wie sie der späte Geschichtsschreiber andeutet, in den Einzelheiten mit dem Epigramm stimmen und ob diese Rettung selbst thatsächlich richtig ist (vgl. S. 47 A. 2), darauf kommt wenig an; die Legende dieser Heldenthat bestand und das genügt für die Beziehung des Gedichts auf diesen Vorgang. Für das zweite Gedicht, das poetisch wie politisch höher steht, bedarf es keiner erklärenden Worte. Neues lernen wir aus beiden nicht; aber wenn ich nicht irre, ist die Stimmung und der Hauch der Epoche, wie sie insbesondere aus dem zweiten Epigramme uns entgegen treten, mehr werth als eine weitere militärische Anekdote.

FSC
www.fsc.org
MIX
Papier | Fördert gute Waldnutzung
FSC® C083411

Zeitfracht Medien GmbH
Ferdinand-Jühlke-Straße 7
99095 Erfurt, Deutschland
produktsicherheit@kolibri360.de